Zu diesem Buch

Was hat die Beziehung von Hund und Katze zu uns Menschen so erfolgreich gemacht? Wie kommt es, daß moderne Zivilisationsmenschen weinen, wenn sie einen Hund oder eine Katze verlieren? Wie kann man sich erklären, daß Mensch-Tier-Beziehungen oft länger halten als unsere Ehen oder Partnerschaften?

«Was Sie hier zu lesen bekommen, ist weder ein klassisches Katzen- noch ein solches Hundebuch. – Mich regte eine neue Sichtweise auf die Tier-Mensch-Beziehung an, dieses Buch zu schreiben. Eine Sichtweise, die den Menschen als Beziehungspartner genauso betrachtet wie den Hund oder die Katze. Wie in jeder guten Beziehung sind es gerade die wechselseitigen Beeinflussungen, die die Qualität einer Beziehung ausmachen!» *(R. Hannes)*

Der Autor

Ralph Hannes hat als Biologe und Zoologe viele Jahre Verhaltensforschung betrieben, seit über zehn Jahren arbeitet er als Diplompsychologe psychotherapeutisch. Stets lebte er zusammen mit Hunden und Katzen.

Ralph Hannes

Mensch Hund
Mensch Katze

*Unsere Beziehung
zu Haustieren*

Rowohlt

Originalausgabe
Veröffentlicht im Rowohlt Taschenbuch
Verlag GmbH, Reinbek bei Hamburg, Mai 1998
Copyright © 1998 by Rowohlt Taschenbuch
Verlag GmbH, Reinbek bei Hamburg
Lektorat Jürgen Volbeding
Umschlaggestaltung Susanne Müller
(Foto Ibid / Premium)
Typografie Daniel Sauthoff
Satz ITC Slimbach
Gesamtherstellung Clausen & Bosse, Leck
Printed in Germany
ISBN 3 499 60519 8

Einleitung 7

Eine neue Sichtweise 11

Die Geschichte einer einzigartigen Beziehung 22
So kam der Mensch auf den Hund 23
    Vom Hauswolf zum Hund 27
So kam die Katze zum Menschen 30

**Verstehen ohne Worte – Die Grundlagen der
Tier-Mensch-Beziehung** 35
Tiere haben keine Worte 37
**Natürlich hören Katzen und Hunde unsere Stimme,
wenn wir sprechen** 38
**Alle Lebewesen streben danach, unangenehme Reize
zu vermeiden** 39
So erhalten Worte eine Bedeutung für unser Tier 41
Und so verstehen wir sie 43
Die Mitgift von Katze und Hund 48
    Die wichtigsten Sinne im Vergleich 49
    Eine kleine vergleichende Verhaltensbiologie 53
Die Welt von Katze und Hund 62
    Können Tiere denken? 67
    Haben Tiere ein Bewußtsein? 72
    Haben Tiere einen Willen? 73
    Haben Tiere Intelligenz? 75
    Haben Tiere eine Moral? 79

**Die Bedeutung unserer vierbeinigen
Hausgenossen für uns** 81
Die Motive der modernen Menschen, ein Haustier zu halten 87
Haustiere als Sozialpartner 88

Haustiere als Untertanen 96
Haustiere als Gebrauchsgegenstand 97
Haustiere als Kindersatz 100
Haustiere als Statussymbol 102
Haustiere als Heiler 107
   Praktische Anwendungsfelder *110*
   Nebenwirkungen *111*
Katzen und Hunde als Versuchstiere 114
Haustiere als ein Stück heile Welt 116

Was bedeuten wir ihnen? 118
Vom Todfeind bis zum besten Freund 119

Katze oder Hund? 123
Wie kommt es zu gegenseitiger Ablehnung? 125
Das Klischee 135
Mensch und Katze – Mensch und Hund Unterschiede in den Beziehungen 136
   Hunde sind leichter zu erziehen 137
   Katzen sind zurückhaltender 139
Tiere erregen unsere Phantasie 140
Gründe für die Wahl unseres Hausgenossen 143

Haustiere und menschliche Sprache 147

Machen Tiere einsam? 163

Wann ist die Beziehung gut? 172
Einstellungen und Grundhaltungen, die eine gute Beziehung ermöglichen 175

Blick in die Zukunft 181
Literatur 186

Einleitung

Die Beziehung zwischen Mensch und Tier ist so alt wie die Menschheit. Tiere haben uns immer interessiert. Unsere frühen Vorfahren brauchten sie als Nahrung und Kleidung, fürchteten sie als Konkurrenten oder Feinde, verehrten oder ächteten sie als Götter oder Geister. Zu allen Zeiten gehörten Tiere zum Leben der Menschen. Die frühesten Zeugnisse künstlerischen Gestaltens zeigen Menschen und Tiere, in Stein gehauen oder auf Felswände gemalt.

Längst vorbei sind die Zeiten, da wir auf Hunde als Wächter und Jagdgehilfen, auf Katzen als Mäusevertilger angewiesen waren und dadurch ein Verhältnis zu ihnen gewannen. Von Anbeginn hatten Menschen eine besonders innige Beziehung zu Katzen und Hunden, die über die bloße Nützlichkeit hinausging. Heute leben die meisten Haustiere als Familienmitglieder in unseren Häusern oder Wohnungen. Die wenigsten von ihnen haben noch Gelegenheit, sich mit ihren Sinnes- und Jagdfähigkeiten nützlich zu machen. Unsere Beziehung zu Katzen und Hunden unterscheidet sich vollständig von der Beziehung, die wir zu anderen Haustieren haben. Schweine, Hühner oder Rinder sind reine Nutztiere geblieben. Wohl kaum jemand sieht einen Freund, Kumpel oder Hausgenossen in ihnen, mit dem man vielleicht sogar Tisch und Bett teilen würde. Einzige Ausnahme sind Pferde. Zu ihnen haben einige Zeitgenossen eine vergleichbar intensive Beziehung, wobei die Größe dieser Tiere es ausschließt, sie mit nach Hause zu nehmen.

Die Geschichte dieser Beziehung ist nicht nur besonders intensiv, sie ist, bis auf wenige Ausnahmen, auch erfolgreicher als die Geschichte von den Beziehungen der Menschen zueinander. Sicherlich ergeht es einigen Hunden und Katzen schlecht, aber was Menschen zu allen Zeiten anderen Menschen an Leid und Greueln antaten, ist ihnen erspart geblieben. Keiner weiteren Tierart ist es gelungen, eine so enge Bindung mit Menschen einzugehen.

Was ist es, das diese Beziehung so erfolgreich machte? Wie kommt es, daß moderne Zivilisationsmenschen weinen, wenn sie einen Hund oder eine Katze verlieren? Wie kann man sich erklären, daß Mensch-Tier-Beziehungen öfter ein Leben lang halten, länger als viele Ehen oder Partnerschaften? Warum können Tierschützer mehr Menschen mobilisieren als Kinderschutzverbände? Wie konnten Lassie, Kommissar Rex, Rintintin und Co. zu Filmstars werden? Heute verwendet die Werbung Hunde und Katzen, um beliebige Produkte an den Mann zu bringen. Der freche Garfield oder der tapsige Pluto gelangten als Comic-Figuren zu Weltruhm. In Märchen und Fabeln haben sie seit alters her einen festen Platz. Aber auch in der modernen Literatur spielen sie eine gewichtige Rolle. Unsere Alltagssprache ist voll von Ausdrücken, die der Tierwelt entlehnt sind.

Was Wissenschaftler über Katzen und Hunde herausgefunden haben, kann diese Phänomene nicht erklären. 30 Millionen Hunde-, 28 Millionen Katzenhalter in den Ländern Westeuropas könnten uns da schon eher weiterhelfen. Sie leben in diesen Beziehungen, und sie wissen warum.

Oft glauben Menschen, ihre tierischen «Partner» besser verstehen zu können als ihre menschlichen. Und sie fühlen sich von ihnen besser verstanden. Wie ist das möglich bei so unterschiedlichen biologischen Voraussetzungen? So mancher Zeitgenosse würde sich glücklich schätzen, würde er/sie auch nur ein paar Prozent der liebevollen

Zuneigung erhalten, die Frauchen oder Herrchen seinem/ihrem* vierbeinigen Liebling gewährt. Ich kenne Männer, die ernsthaft eifersüchtig auf den Hund ihrer Frau sind. Erst neulich hörte ich eine junge Frau sagen: «Wer meinen Hund nicht mag, mag mich auch nicht.» Und dann lehnt sie diese Person wahrscheinlich ebenfalls ab. Eine erstaunliche Identifikation. Beim eigenen Partner geht die Identifikation längst nicht immer so weit. Oft kann man beobachten, daß die Bindung zwischen Mensch und Tier länger hält und freundlicher verläuft als jene zwischen Menschen.

Da drängt sich doch geradezu die Frage auf, wie das möglich ist, daß zwei so grundverschiedene Lebewesen eine solch innige Bindung aufbauen können? Haben wir doch noch nicht einmal vergleichbare Ausdrucks- oder Signalverhaltensweisen (Körpersprache), geschweige denn eine gemeinsame «Muttersprache», die wir benutzen könnten, um uns unseren vierbeinigen Freunden mitzuteilen.

Wenn wir herausfänden, wie das genau funktioniert, und wenn es gelänge, die Ergebnisse auf menschliche Sozialsysteme zu übertragen – nicht auszudenken, welche Auswirkungen das haben könnte. Sicher, das ist eine Utopie. Aber wir könnten von solchen Befunden eine Menge lernen, was uns im Umgang mit unseren Mitmenschen nützlich wäre.

Was die Menschheit weitergebracht hat, waren stets Utopien und Visionen. Wer vor 100 Jahren eine Welt für möglich gehalten hätte, wie wir sie heute haben, wäre als verrückter Spinner abgetan worden. Um weltverbesseri-

---

* *Sie merken, wie holprig es sich liest, werden jeweils beide Geschlechterformen ausgeschrieben. Daher habe ich mich entschieden, der leichteren Lesbarkeit wegen nur eine geschlechtsspezifische Anrede zu benutzen. Gemeint sind immer beide Geschlechter.*

sche Visionen soll es in diesem Buch allerdings nicht gehen. Stets werden Sie beim Lesen den «Boden der Realität» unter Ihren Füßen spüren. Schließlich gehört das zu den Dingen, die Haustiere uns vermitteln: bei aller «Vernarrtheit» – eine gewisse Nähe zu den Wurzeln *unseres* Daseins.

Was Sie hier zu lesen bekommen, ist weder ein klassisches Katzen- noch ein solches Hundebuch. Da gibt es eine reichhaltige Auswahl auf dem Buchmarkt. Sie behandeln die Haltung, Pflege und Erziehung der kleinen Lieblinge. Viel Sachverstand und Erfahrung tun sich da kund. Von Menschen und den Wechselwirkungen zwischen ihnen und den Haustieren ist dort aber selten die Rede. Dabei bedeutet Erziehung von Haustieren für mich ganz wesentlich, daß die Besitzer etwas lernen müssen, damit sie ihr Verhalten so gestalten können, daß das Tier sich in erwünschter Weise verhält.

Was mich anregte, dieses Buch zu schreiben, ist eine Sichtweise, die den Menschen als Beziehungspartner genauso betrachtet wie den Hund oder die Katze. Wie in jeder guten Beziehung sind es gerade die wechselseitigen Beeinflussungen, die die Qualität einer Beziehung ausmachen. Diese Perspektive hat sich mir erst in den letzten Jahren eröffnet. Sie hat mein Verhältnis zu Tieren sowie mein Verständnis von Tierhaltern, einschließlich meiner selbst, erheblich erweitert.

Das Ganze ist immer mehr als die Summe seiner Teile.

Eine neue Sichtweise

Vergleiche hinken, heißt es. Dennoch können sie komplizierte Zusammenhänge veranschaulichen. So auch der folgende Vergleich:

Was sich zwischen zwei kommunizierenden Lebewesen abspielt, hat für mich etwas mit einem Tanz zu tun. Wenn Sie zwei miteinander tanzende Menschen beobachten, sehen Sie, wie die sich – mehr oder weniger – wohlkoordiniert bewegen. Sie reden nicht, und trotzdem klappt es – wortlose Verständigung. Unsichtbare Signale gehen hin und her und synchronisieren die Schritte zu einem harmonischen Ablauf.
Als Zuschauer sind Sie automatisch in der Beobachterposition. Wie die beiden das hinkriegen, ob das Ganze harmonisch aussieht oder nicht, können Sie nur dann wahrnehmen, wenn Sie beide betrachten.
Würde ich mit einer Meisterin des Tanzes aufs Parkett gehen, es würde trotzdem kläglich aussehen. Jeder würde es sehen. Es sei denn, wir würden offen tanzen und jemand würde ausschließlich auf meine Partnerin achten. Das ist beim Tanz zweier Menschen zwar kaum vorstellbar, aber wenn es jemandem gelänge, er würde einen völlig falschen Eindruck von mir und meiner Beziehung zu dieser Frau bekommen.

Menschen wie Tiere leben nie isoliert. Ständig beziehen sie sich auf Artgenossen oder Objekte in der Umwelt, gehen Beziehungen ein, teilen sich mit. Selbst dann, wenn sie nichts tun. Es genügt nicht, ausschließlich das Tier zu beobachten, für das ich mich interessiere, sei es als Tierforscher oder -freund.

Manchmal hört man Tierhalter resigniert oder verärgert sagen: «Mein Hund tut das einfach nicht. Das ist ein richtiger ‹Dickschädel›.» Oder: «Meine Katze macht das immer wieder, dieses eigensinnige ‹Biest›.» Wollen Sie Ihr Tier wirklich verstehen, müssen Sie seinen jeweiligen Objekten und Beziehungspartnern, also auch Ihrem eigenen Verhalten, Beachtung schenken. Wobei ein Verstehen bei Tieren niemals so weit gehen kann wie bei Menschen. Will man Tiere erziehen oder gezielt beeinflussen, tut man gut daran, sein Verhalten exakt zu planen. Nicht selten gerät die Dressur zu einem Zufallsprodukt, bei dem das Tier mühsam erspüren muß, was man eigentlich von ihm will.

Die neue Sichtweise, von der in diesem Kapitel die Rede ist, hat etwas mit der Position derer zu tun, die bei Hundeprüfungen das Gespann Mensch-Hund zu bewerten haben. Die achten nicht nur darauf, was und wie das Tier die geforderten Aufgaben löst, sondern auch darauf, *wie* der Hundeführer seinem Hund signalisiert, was er tun soll. Aus beidem ergibt sich ein Gesamtbild, das harmonisch oder angestrengt wirken kann. Ganz ähnlich wie beim Dressurreiten oder beim Tanzen. Zunächst möchte ich Ihnen kurz erzählen, wie ich zu dieser Ansicht kam.

Tiere haben mich schon immer fasziniert. Als Junge war mein Verhältnis zu ihnen rein emotional, vielleicht wie zu lebenden Kuscheltieren. Später ging mein Interesse weiter: Ich wollte sie verstehen. Zumindest meine Katze und meinen Hund. Damals wußte ich noch nicht, daß das prinzipiell unmöglich ist. Folgerichtig studierte ich Zoologie und Psychologie. Als Zoologe inspirierten mich die Arbeiten der damals sehr populären Nobelpreisträger *Konrad Lorenz* und *Nico Tinbergen*. Also spezialisierte ich mich auf die Verhaltensforschung, die sich vornehmlich mit angeborenem Verhalten befaßt. Es war der Versuch, mit den Methoden der exakten Naturwissenschaften meiner Faszination auf die Spur zu kommen. Als Psychologe interessierte es mich vor allem, wie Tiere und Menschen lernen und wie das Gedächtnis funktioniert.

Ich lernte viel Theorie, unübersehbar viele Details, aber kaum ein Wort über die Einflüsse der Experimentatoren auf ihre Versuchstiere – von meiner ursprünglichen Faszination blieb wenig übrig. Viel wurde darüber geschrieben, wie Tiere untereinander kommunizieren und wie der menschliche Beobachter Mimik und Gestik der Tiere zu deuten hat. Generationen von Tierforschern beschrieben tierisches Verhalten und benannten es nach der Funktion bzw. nach dem erkennbaren Ziel, welches das Tier verfolgen mochte. Meistens handelt es sich um Sexual-, Brutpflege-, Feind-, Sozial- Beute- oder sonstiges Verhalten, das der Nahrungsfindung dient.

Was Tiere zu all diesen Verhaltensweisen antrieb, war eben der Trieb oder Instinkt. Selbstverständlich wurde auch versucht, tierisches Verhalten physiologisch zu ergründen, also sozusagen ein tieferes Verständnis seiner Reaktionen und Aktionen zu erreichen. So auch von mir.

Neben den wissenschaftlichen Tierkennern gab es zu allen Zeiten mehr oder weniger bekannte Tierexperten, die für sich beanspruchten, im Besitz des einzig wahren «Hunde-» oder «Katzenverstandes» zu sein. Wer mit einem Welpen im Stadtpark spazierengeht, begegnet ihnen auf Schritt und Tritt. Da ist jeder, dessen Hund aus dem Gröbsten raus ist, ein Experte. Als Neuling ist man verwirrt von der Flut an Tips, Tricks und Hinweisen auf Fachleute, die es nun wirklich wissen müssen.

Bei manchen dieser Fachleute fragt man sich allerdings, woher sie das differenzierte Wissen über die Erlebnisweisen und Empfindungen der Tiere haben. Betrachtet man solche Schilderungen im Lichte des einigermaßen gesicherten Wissens, stellt sich immer wieder Ernüchterung ein. Man kommt zu dem Eindruck, daß diese Tierkenner in ihren Schriften oder Sendungen mehr über sich selbst und ihre Empfindungen verraten als über die betreffende Tierart. Es gibt Autoren, die behaupten buchstäblich, mit Tieren reden zu können, sogar über so etwas Abstraktes wie Mathematik.

Miteinander reden, das heißt kommunizieren. Dazu gehören stets zwei: ein Sender und ein Empfänger. Während sie kommunizieren, wechseln sie ständig ihre Rollen, der Sender wird zum Empfänger, wenn der Empfänger seinerseits antwortet usw. Der eigentliche Sinn der Kommunikation liegt in diesen wechselseitigen Rückmeldungen. Ein Beispiel mag den Sachverhalt verdeutlichen:

Eines der ersten Dinge, die wir einem Babytier beibringen, ist sein Name. Herr A. hat sich bereits Gedanken gemacht, wie sein Welpe den ihm zugedachten Namen «Balu» wohl am besten lernen kann. Also ruft er in einer Tonart, die sich von seiner normalen Sprechweise abhebt: «Balu!» Der Welpe spielt unbeirrt weiter. In diesem Fall besteht die Rückmeldung darin, daß Herr A. weiß, daß der Hund mit seinem Zuruf nichts verbinden konnte.

Einige Momente später versucht er es etwas anders: «Baluuhu! ... Ei guck mal, was Herrchen hier Feines hat.» Seine Stimme klingt entsprechend animierend. Der Hund schaut ihn an und spitzt die Ohren. Herr A. weiß jetzt, wie er die Aufmerksamkeit seines Welpen auf sich ziehen und mit dem Namen verbinden kann. Fortan wird er es in vielen unterschiedlichen Situationen wiederholen. Irgendwann genügt es, deutlich «Balu!» zu sagen, und der Hund wird innehalten, ihn ansehen, die Ohren spit-

zen und vielleicht auf ihn zulaufen. Sicherlich weiß er nicht, was ein Name ist, aber er wird in der erwünschten Weise darauf reagieren.

In diesem einfachen Beispiel ist ziemlich klar zu erkennen, was Herr A. (Sender) tut, wie sein Hund (Empfänger) darauf reagiert und wie Herr A. diese Rückmeldung so auswertet, daß ein erwünschtes Ergebnis erzielt wird. Bei den meisten Interaktionen ist es allerdings wesentlich schwieriger herauszufinden, wie das Tier mit uns «redet», wie es weiß, was wir meinen, wie wir unser Tier verstehen und darauf antworten.

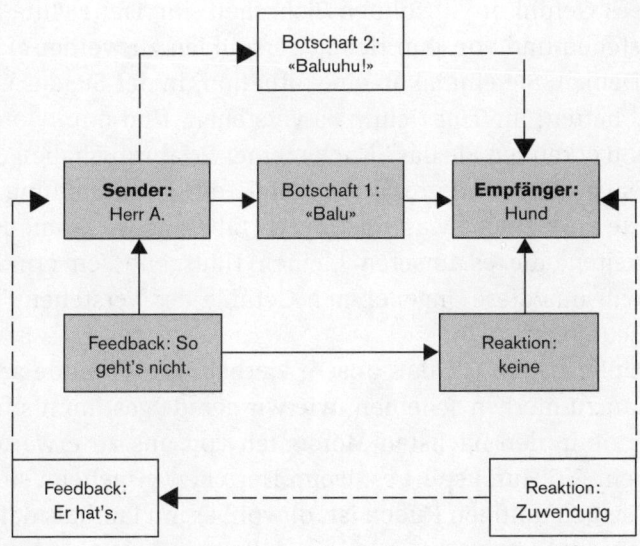

Schema der Kommunikation zwischen Herrn A. und seinem Welpen.

Auf angeborenes Ausdrucksverhalten und Signalreize können wir dabei nicht zurückgreifen. Ich jedenfalls fletsche weder die Zähne, noch schnurre ich, wenn ich meinen Tieren etwas mitteilen will. Die meisten ihrer Ausdrucksbewegungen und Lautäußerungen könnte ich ohnehin nicht imitieren. Jetzt kommt der Psychologe und sagt: «Gut, das sind Lernprozesse.» Das Tier lernt, bestimmte Klänge, bestimmte Bewegungen mit Bedeutung zu versehen. Umgekehrt tun wir das natürlich auch. Aber wie ordnen wir einem bestimmten Verhalten, einem bestimmten Ausdruck unserer Hausgenossen Bedeutung bei? Wie machen die Tiere das? Auf welche Erfahrungen greifen sie dabei zurück? Und wodurch bekommen einige Tierbesitzer dieses Gefühl der absoluten Sicherheit, ihr Tier richtig zu verstehen und von ihm richtig verstanden zu werden?

Denken Sie einmal an eine Situation, in der Sie das Gefühl hatten, Ihr Tier richtig zu verstehen. Und nun, woran genau erkennen Sie das? Nach meiner Erfahrung haben die meisten Menschen größte Probleme, diese Empfindung in Worte zu kleiden. Was sind das für überaus wirksame Fähigkeiten, die es unseren kleinen Hausgenossen ermöglichen, uns diese angenehmen Gefühle des Verstehens zu verschaffen?

Unbestritten ist, daß unsere vierbeinigen Freunde sehr genau zu merken scheinen, wie wir gerade gestimmt sind, was sie in den nächsten Momenten von uns zu erwarten haben. Ein Hund spürt es, wenn Herrchen insgeheim stolz auf seinen mutigen Rüden ist, obwohl er ihn lauthals dafür tadelt, wenn er mal wieder einen Rivalen hart rangenommen hat. Es ist wie eine äußerlich kaum erkennbare, augenzwinkernde Übereinkunft. Es genügt, wenn der Hundehalter entsprechend denkt. Der Hund wird minimale Hinweise im Verhalten seines Besitzers erkennen und darauf reagieren.

Unsere Schäferhündin Ronja z. B. reagiert auf Menschen höchst individuell. So bin ich der einzige, den sie spielerisch beißt. Das «sportliche» Fassen nach Hand oder Arm ist von niemand anders auslösbar. Das liegt daran, daß meine Frau es ihr von Anfang an verboten hatte, während ich Spaß an solchen Spielen hatte. Ronja merkt sich das und behandelte uns fortan unterschiedlich. Umgekehrt begrüßt sie meine Frau wesentlich temperamentvoller als mich. Auch hierbei spiegeln sich unsere Vorlieben wider, an die sich der Hund angepaßt hat.

Wie präzise Tiere uns beobachten, ja sogar innere Einstellungen ihrer Bezugspersonen bemerken, zeigt folgendes Beispiel:

In den USA und in Südafrika gibt es wohlhabende Familien, in denen die Dienstboten der mehr oder weniger diskriminierten schwarzen Rasse angehören. Das Füttern, Pflegen und Ausführen der Hunde obliegt dem Personal. Oftmals verbringen die Herrschaften nur wenig Zeit mit ihren Hunden. Trotz alledem kommt es vor, daß die Dienstboten von ihnen bedroht und angeknurrt werden. Gegen ihren bewußten Willen kommunizieren die Besitzer eine innere Haltung, die in diesen Gegenden weit verbreitet ist. Das führt dazu, daß die Hunde sich gegenüber dem Personal so verhalten wie zu rangniedrigen Rudelmitgliedern.
Unsere Ronja dagegen bleibt unverändert freundlich, wenn wir Besuch von afrikanischen Nachbarn bekommen. Wie Sie sehen, erhält man wichtige Informationen nur dadurch, daß man die Menschen in die Beobachtung mit einbezieht. Ansonsten könnte man zu dem irrigen Schluß kommen, daß amerikanische und südafrikanische Hunde rassistisch seien.

Auch Katzen haben die Fähigkeit, Absichten und Stimmungen wahrzunehmen. Sie «sehen» uns sozusagen «an der Nasenspitze» an, was wir im Schilde führen. Eine ruhende Katze erkennt sehr wohl, ob man vorhat, an ihr vorbeizugehen oder auf sie zu. Sie müssen schon ein perfekter Schauspieler sein, wenn es Ihnen gelingen soll, einer Katze weiszumachen, daß sie nichts von ihr wollen, während Sie in der Absicht auf sie zugehen, sie anzufassen. Kein Mensch weiß, wie Katzen das machen.

Als Student habe ich auf viele Fragen dieser Art keine Antworten erhalten. Die Kommunikation zwischen Mensch und Tier war weder für die Biologie noch für die Psychologie Gegenstand der Betrachtung. Genau davon soll in diesem Buch die Rede sein. Von dem, was beide Seiten bewußt oder unbewußt dazu beitragen, und vor allem: Wie es zu dieser hoch emotionalen, durch kein Nützlichkeitsdenken erklärbaren Intensität der Beziehung zwischen uns und unseren Katzen oder Hunden kommen kann. Übrigens kann man annehmen, daß das schon bei den Steinzeitmenschen so war.

Während meiner Studienzeit habe ich alles gelernt, was in der Universität und im Forschungsbetrieb an Wissen über tierisches und menschliches Verhalten erfahrbar war. Sinnes- und Nervenphysiologie waren meine Spezialgebiete. Ich hatte gelernt, welche Unterschiede es zwischen den Spezies gab und wo funktionelle Übereinstimmungen vorkamen. Ich war ein richtiger Experte. Hunde und Katzen verstand ich dadurch nicht besser als zuvor. Da erging es mir nicht besser als *Erik Zimen,* als er begann, mit Hunden, Wölfen und Kreuzungen aus beiden Arten vergleichende Verhaltensstudien zu betreiben: «Trotzdem mußte ich langsam erkennen, daß wir vom Gesamtverhalten unseres beliebtesten Haustieres, vom Hund, nur sehr wenig wissen ...» (Der Wolf)

Ich hatte mehr Fragen offen als früher. Was dazu gekommen war, hatte eher mit Respekt oder Ehrfurcht vor der Schöpfung zu tun. Kategorien, die mit meiner Professionalität wenig zu tun hatten. Was mir wirklich weiterhalf, war meine dreizehnjährige Tätigkeit als Psychotherapeut. Als solcher wurde ich Experte für Subjektivität. Ich habe gelernt, mehr auf die Beziehung *zwischen* den Menschen zu achten.

Theorien und Verallgemeinerungen helfen wenig, wenn es darum geht herauszufinden, wie Sprache und Mimik von einem anderen Individuum verstanden, also mit Bedeutung versehen wird. Was weiß ich schon über dessen einzigartiges Erleben, wenn ich seine Hirnzellen bis ins letzte Molekül hinein kenne? Was nützt es mir, wenn ich die Gesetze des Lernens in allen Einzelheiten parat habe? Da muß ich in jedem Einzelfall genau hinsehen. Eine Herangehensweise, die mein Verhältnis zu allen Lebewesen bedeutend erweitert und bereichert hat. Es gibt einen Grundsatz bei meiner therapeutischen Arbeit, der mir für die Kommunikation zwischen Menschen und mit Tieren gleichermaßen beachtenswert erscheint. Er lautet:

Die Bedeutung deiner Kommunikation ist die Reaktion, die du bekommst, nicht deine Absicht.

Damit ist man gehalten, wie unser Herr A., genau auf das zu achten, was man tut oder sagt *und* auf die Reaktion, die man daraufhin erhält. Versuchen Sie einmal, diesen Grundsatz zu berücksichtigen, wenn Ihr Hund oder Ihre Katze mal wieder nicht so reagieren, wie Sie sich das wünschen.

Tierhalter sind oft ganz unmittelbar davon überzeugt, ziemlich genau zu wissen, was in ihren Tieren gerade vor sich geht. Sie bemerken nicht, daß es sich dabei um *ihre* Gefühle, *ihre* persönlichen Erfahrungen handelt, die sie auf das Tier projizieren. Mit der Wahrnehmung der Katze oder des Hundes hat das nicht immer etwas zu tun. Wie unsere Hausgenossen mit ihren teilweise vollständig anderen Sinnes- und Nervensystemen diese Welt erleben, werden wir nie ergründen. Diese Einsicht kann befreiend wirken. Kann man seine Aufmerksamkeit doch besser auf Dinge richten, die sich ergründen lassen.

Mag sein, daß Sie nach der Lektüre dieses Buches weniger Gewißheit haben, ob Sie Ihr Tier richtig verstehen. Aber Sie werden es mit anderen Augen betrachten: bewußter und mit mehr Respekt. Wissen und Gewißheit führen oft dazu, daß man nicht mehr hinsieht, daß es nichts Neues zu entdecken gibt. Man weiß ja schon alles. Dabei ist Gewißheit nichts anderes als ein subjektives Gefühl. Eine andere Sichtweise bringt da oftmals erfrischend neue Einblicke.

Einige von Ihnen werden bemerken, daß sie über sich selbst mehr erfahren als über ihre Katze oder ihren Hund. Haustiere können uns sehr wohl ermöglichen, zum Wesentlichen zu kommen. Was das Wesentliche ist? Für mich wesentlich ist: Wenn ich meine Katze Miezi oder meine Schäferhündin Ronja betrachte, mit ihnen spiele oder sie berühre, dann ist das für mich ungetrübte, weil fast immer konfliktfreie Freude an meiner und ihrer Kreatürlichkeit. Alltagssorgen treten in den Hintergrund, Gefühle von Entspannung, Einklang und Geborgenheit stellen sich ein. Das sind hohe Werte.

Selbst die moderne Schulmedizin hat das inzwischen erkannt. Es gibt genügend gesicherte Daten, die belegen, daß positive und heilende Einflüsse von Haustieren ausgehen. Die bloße Tatsache, ein Haustier zu besitzen, kann schwerkranke Menschen gesund machen und gesunde Menschen vor Krankheiten bewahren.

Zusammenfassend kann man folgendes festhalten: Biologen haben Tiere bis zur letzten Zelle untersucht. Mediziner taten dasselbe mit dem Menschen. Mir sind keine Studien bekannt, die Menschen zusammen mit ihren Haustieren betrachtet hätten. Von *Leonardo da Vinci* stammt folgender Ausspruch:

«Jedes Ding sollte von drei Seiten betrachtet werden.»

Die erste Position ist die des Halters, der ganz unreflektiert mit seinem Hausgenossen umgeht. Die zweite ist in unserem Falle die des Wissenschaftlers, der das Tier objektiv zu analysieren versucht. Die dritte Betrachtungsposition hat Mensch *und* Tier im Blick und schaut auf das, was zwischen ihnen passiert. Anders kann man dem Geheimnis besonderer Beziehungen nicht auf die Spur kommen. Beide Seiten haben ihre Anteile daran. Der Kommunikationsfluß ist jedoch so schnell, so subjektiv, läuft in wesentlichen Bereichen so unwillkürlich ab, daß nur ein möglichst unvoreingenommener Beobachter Einblicke gewinnen kann.

Die Geschichte einer einzigartigen Beziehung

Von dem Moment an, da wir Menschen auf der Erde erschienen, mußten die Tiere sich mit uns arrangieren. Einige Arten näherten sich den Lagerstellen unserer Vorfahren, weil sie von deren Abfällen und Jagdresten profitierten. So war es auch mit Wölfen und Falbkatzen, den Stammvätern unserer Hunde und Hauskatzen. Einige Spezies wurden domestiziert. Die meisten wegen ihres Fleisches, ihrer Milch oder des Felles, das uns «nackten Affen» im Verlauf der Evolution abhanden gekommen war. Diese Eiweiß- und Rohstofflieferanten waren allesamt Pflanzenfresser. An deren Bestimmung hat sich bis heute nichts geändert.

Ganz andere Gründe hatte die Domestikation von Wolf und Falbkatze. Bei beiden Arten handelt es sich um Raubtiere. Der Verhaltensforscher *Paul Leyhausen*, der vierzig Jahre lang das Verhalten aller möglichen Katzenarten untersucht hat und daher als «Katzenpabst» gilt, hält dies nicht für einen Zufall. In seinem Buch *Katzen – eine Verhaltenskunde* begründet er (S. 9), warum Studien an Raubtieren mehr zum Verständnis menschlichen Verhaltens beitragen können als Forschungen an Menschenaffen. Und zwar deshalb, weil ähnliche Verhaltensweisen bei Mensch und Raubtier sich dadurch herausgebildet haben, daß die Jagd für die Ernährung der Urmenschen zunehmend an Bedeutung gewann.

Sowohl Katzen als auch Hunde wurden von Beginn an nicht als Nahrung betrachtet, sondern in die menschlichen Behausungen aufgenommen. Nur in Notzeiten oder als Luxusspeise, u. a. in chinesischen Palästen, sind Hunde gegessen worden. Keiner weiteren Tierart ist es gelungen, sich dem Menschen so eng anzuschließen wie Wolf und Falbkatze. Zwei sehr unterschiedliche Tierarten – eine einzigartige Beziehung. Ich spreche von *einer* Beziehung, weil das, was die Besonderheit in beiden Fällen ausmacht, in der Essenz wohl ziemlich gleich ist. Zusammen mit uns haben sich Katzen und Hunde weltweit verbreitet. Damit sind sie aus biologischer Sicht ebenso erfolgreich wie wir.

So kam der Mensch auf den Hund

Würden Sie sich einen Wolf ins Haus holen? – Nein? – Das würde ich Ihnen auch nicht empfehlen. Wölfe sind als Haus- oder Jagdgenossen vollständig ungeeignet. Dennoch, vor mehr als 14 000 Jahren nahmen unsere Vorfahren Wölfe auf. Warum? – Darüber streiten die Gelehrten sich bis heute.

Fest steht, daß alle Hunde vom Wolf abstammen. Unterschiedliche Vorstellungen existieren darüber, wie es zur Zähmung des Wolfes kam und wie daraus die ersten Hunde entstanden. Spekulationen gibt es viele. Was ich Ihnen jetzt erzähle, ist die Version, die mir am plausibelsten erscheint, ziehe ich die Psyche des Menschen dabei angemessen in Betracht. Interessant finde ich es, daß *Erik Zimen*, von seinem Standpunkt als Wolfs- und Hundeforscher, zu den gleichen Ansichten gelangt.

Die Geschichte beginnt in der Steinzeit vor etwa 15 000 Jahren. Die Menschen lebten als Jäger und Sammler. Ihrer Pelze wegen und weil es Nahrungskonkurrenten waren, erlegten sie auch Wölfe. Noch heute werden sie von Jägern erschossen, wo immer sie in deutschen Wäldern auftauchen. Hunde und Katzen ebenfalls, so sie sich von Heim oder Halter genügend entfernt haben. Nebenbei, ich frage mich, ob das wohl immer aus Sorge um unser heimisches Wild geschieht?

Irgendwann mußten einige Wölfe sich den menschlichen Siedlungen genähert und von den Bewohnern geduldet worden sein. Man nimmt an, daß sie von Abfällen und Unrat lebten. Dadurch hielten sie die Wohnbereiche der Steinzeitmenschen sauber. Ungeziefer konnte sich nicht so leicht zu Plagen entwickeln.

Noch heute kann man beobachten wie die Hunde der Naturvölker Ausscheidungen der Babys und Kleinkinder «entsorgen». Andere, in kälteren Klimaten lebende Völker nutzten sie als wandernde «Heizkissen», indem sie in engem Körperkontakt mit ihren Hunden schliefen. Wölfe dagegen liegen sogar im Schnee stets ohne Körperkontakt zu Rudelmitgliedern. Der Wolf als «Heizkissen» fällt also wahrscheinlich als Motiv für unsere Vorfahren aus. Ihre Nutzung als Fleisch- und Fellieferanten halte ich auch nicht für einen entscheidenden Beweggrund, da das nur in Notzeiten vorkam.

Fest steht, daß Mensch und Wolf lange Zeit sozusagen nachbarschaftlich nebeneinanderher lebten. Offensichtlich überwogen auf beiden Seiten die Vorteile. Noch handelte es sich um ungezähmte Wölfe, die über die Reinhaltungsfunktion hinaus keinerlei Gebrauchswert hatten – über Jahrtausende hinweg. Worin die Vorteile für die damaligen Menschen bestanden, läßt sich aus den spärlichen Funden dieser Zeit nicht direkt rekonstruieren. Da hätten Archäologen, die in 10 000 Jahren unsere Knochen- und sonstigen Reste ausgrüben, vermutlich die gleichen Schwierigkeiten. Es sei denn, sie hätten vergleichbare Beziehungen zu anderen Tierarten. Dann würden sie aber aufgrund eigener Erlebnisse zu solchen Schlüssen kommen. Die Funde allein erklären dies nicht.

Auf der Suche nach Erklärungen haben Wissenschaftler

unterschiedlichster Fachbereiche immer wieder die rezenten Naturvölker aufgesucht. Ethnologen, Ethologen, aber auch Haustierforscher haben in den letzten 100 Jahren diverse Expeditionen in die entlegenen Gebiete Afrikas, Australiens oder Südamerikas unternommen, in denen solche Menschen, seit vielen Jahrhunderten unberührt von der Zivilisation, überleben konnten.

Einige von ihnen leben heute noch so wie unsere Ahnen in grauer Vorzeit. Aus der Beobachtung solcher Menschengruppen lassen sich einigermaßen begründete Modelle und Vorstellungen ableiten, wie es damals gewesen sein könnte. Viele dieser Naturvölker haben Hunde. Im Erscheinungsbild und im Wesen ähneln sie den ersten Hunden der Steinzeitmenschen. Die Beobachtungen zeigen, daß Hunde bei den Naturvölkern eher der Unterhaltung und dem Prestige dienen. Sie begleiten die Frauen im Alltag oder die Männer bei ihren Jagdzügen. Aufgaben, wie sie von modernen Jagdhunderassen verrichtet werden, nahmen diese ursprünglichen Hundeformen nicht wahr. Das Wild aufspüren, stellen und erlegen mußten die Männer allein.

Auch Wölfe eignen sich nicht als Jagdhelfer. Nehmen wir z. B. die Wölfe, die *Erik Zimen* zu Forschungszwecken hielt und mit denen er ähnlich eng zusammenlebte wie unsere Vorfahren mit ihren Wölfen. Diese erlegten auf gemeinsamen Streifzügen zwar zuweilen ein Reh, von der Beute hätte er jedoch nur unter Lebensgefahr etwas abbekommen. Und er hätte sich sehr beeilen müssen. Sie zerrten ihre Beute nämlich sofort ins Dickicht und verschlangen sie in Windeseile. Es erscheint unvorstellbar, daß die Menschen der Steinzeit Wölfe um ihrer Jagdfähigkeiten willen gezähmt hätten. Vielmehr haben die Wölfe von den überlegenen menschlichen Jägern profitiert.

Nach allem, was wir heute wissen, waren es nicht die

Fähigkeiten späterer Hundeformen, die unsere Vorfahren motivierten, Wölfe zu domestizieren. Die sind bei Wölfen zwar grundsätzlich vorhanden, aber nicht nutzbar. Und es dauerte mehrere Jahrtausende, bis es solche Hunde gab. Bis dahin mußten die Menschen andere Gründe gehabt haben, Wölfe zu halten und zu zähmen. Die Männer der damaligen Zeit hätten auf ihren Jagd- und Streifzügen mit ihnen gar nichts anfangen können.

Die Frauen in den Siedlungen sehr wohl. Sie waren es, die sich die ersten Wölfe in ihre Behausungen holten. Warum? – Nun, kleine Wolfswelpen sehen aus wie kleine Hundewelpen, und sie verhalten sich auch so. Menschen finden das niedlich, können nicht widerstehen, sie zu hätscheln und zu tätscheln. Die Frauen der steinzeitlichen Camps nährten sie, spielten mit ihnen, prägten sie auf sich. Die Welpen wuchsen heran, folgten ihnen – und schon war eine Bindung da.

Die Kinder vergnügten sich mit den Wolfskindern. Kuscheltiere gab es ja noch nicht. Selbstverständlich wurden Nachbarsfrauen darauf aufmerksam. Die eine oder andere wird dem Beispiel gefolgt sein, hat sich ebenfalls so ein süßes Wollknäuel besorgt. Zumindest einige, besonders angstfreie Wölfe sind geblieben. Die allermeisten wurden als erwachsene Tiere scheu und kehrten zu ihren wilden Artgenossen zurück.

Wer jemals die Gefühle des Entzückens angesichts wuseliger Welpen empfand, der weiß, daß es kaum ein mächtigeres Motiv geben konnte, den Wolf zum Hauswolf zu machen. Ein Phänomen, das *Konrad Lorenz* analysierte und das als «Kindchenschema» in die verhaltensbiologische Literatur einging. Es ist eine angeborene Reaktion, die gerade durch ihre unmittelbaren, intensiven Gefühle sicherstellt, daß Eltern ihre Kinder lieben, nähren und schützen. Wie Sie sicherlich aus eigener Erfahrung wissen, reagieren wir auch auf die kindlichen Proportionen und Verhaltensweisen junger Tiere mit Gefühlen der Fürsorge.

Der eine oder andere Hundehalter mag es befremdlich finden, daß es Frauen gewesen sein sollen, die zuerst von ihren Hauswölfen begleitet wurden, und nicht die jagenden Männer. Viele Autoren haben das immer wieder so dargestellt. Die vorliegenden Befunde rechtfertigen deren Behauptungen jedoch nicht. Sie widersprechen aber auch nicht dieser Anschauung. Die psychologische Evidenz macht sie meines Erachtens unwiderstehlich. Faßt man die bisherige Entwicklung zusammen, so kann man sagen: Am Anfang war Tierliebe, nicht Nützlichkeitsdenken. Aber die Geschichte geht ja noch weiter.

Vom Hauswolf zum Hund

Es war gerade mal der erste Schritt vollzogen, der zur Domestikation des Wolfes führen sollte. Damit aus Hauswölfen Haushunde werden konnten, war es erforderlich, einzelne, besonders zahme Tiere zur Weiterzucht auszulesen und von den anderen zu isolieren. Nur durch gezielte Merkmalselektion und strenge Zuchtbedingungen über einen langen Zeitraum ist diese Entwicklung möglich.

Bestimmte Eigenschaften erwachsener Wölfe, z. B. soziales Expansionsstreben oder Ängstlichkeit, mußten unterdrückt, andere, wie Offenheit, Spielen oder Unterordnung, die bei jungen Wölfen noch vorhanden sind, ausgelesen werden. Hunde sind in ihrem Verhalten nämlich jungen Wölfen ähnlicher als erwachsenen.

Wie haben unsere Vorfahren es hingekriegt, daß diese ersten Hauswölfe sich nicht fortwährend mit ihren wilden Artgenossen verpaarten? Zäune oder Zwinger gab es damals nicht. Die Entstehung des Hundes setzt aber voraus, daß Menschen ihre zahmen Hauswölfe untereinander, über viele Generationen hinweg, gezüchtet haben müssen.

Ansonsten wäre die Entwicklung auf einer frühen Stufe stehengeblieben. Also müssen die Wölfe von sich aus bei den Menschen geblieben sein. Haben sie sich etwa selbst domestiziert?

Was mag den Wolf dazu prädestiniert haben, eine solch enge Bindung zu Menschen einzugehen? Wölfe sind als soziale Tiere an das Leben in kleinen Gruppen angepaßt. Ganz ähnlich wie Menschen sind sie nur in Verbänden erfolgreiche Jäger. Ständig sind sie darauf angewiesen, sich mit Artgenossen zu verständigen. Sie kooperieren nicht nur bei der Jagd, sondern auch bei Rangauseinandersetzungen. Jeder kennt jeden, weiß, welchen Status der andere hat und wie er gestimmt ist. Damit besitzen Wölfe eine reichhaltige Grundausstattung für das Zusammenleben mit uns. Wie Sie sehen, hat *Paul Leyhausen* mit seiner kühn anmutenden Behauptung, daß Raubtierstudien mehr zum Verständnis menschlichen Verhaltens beitragen als Primatenstudien, möglicherweise recht.

Man kann davon ausgehen, daß vor etwa 15 000 Jahren die ersten Hauswölfe gehalten wurden. 5 000 Jahre später sind daraus echte Hunde geworden. So lange hat es gebraucht, bis aus zahmen Wölfen, die offensichtlich freiwillig bei den Menschen blieben, echte Hunde wurden. Wahrscheinlich hat man einfach nur die «aufgeschlossensten» Tiere behalten; bzw. die meisten, die diese Merkmale nicht aufwiesen, sind irgendwann zu ihren wilden Artgenossen zurückgekehrt.

Die frühesten sicheren Nachweise von Hunden sind 10 000 Jahre alt. Hauskatzen gab es da noch lange nicht. In den zwei darauffolgenden Jahrtausenden tauchten bereits die ersten Gebrauchshunderassen auf. Es gab kleine und große Züchtungen. Jetzt wurden Hunde auch zur Jagd eingesetzt. Die Männer hatten sie von den Frauen übernommen.

Wir wissen das, weil die ersten bildlichen Darstellungen von Hunden 9 000 Jahre alt sind. Männer haben zu allen Zeiten diejenigen Dinge abgebildet, für die sie sich in besonderem Maße interessierten. So finden sich in den steinzeitlichen Darstellungen, die älter als 9 000 Jahre sind, vor allem Frauen und jagdbares Wild. Pflanzen, Landschaften oder Hunde sind da nicht zu finden.

Aus einem freundlichen Begleiter, einem «Spielzeug» für Frauen und Kinder, wurde ein lebensnotwendiger Jagdgehilfe. Selbst in schlechten Zeiten wurden diese Gebrauchshunde eher durchgefüttert als gegessen. Noch aus der Neuzeit gibt es Berichte über Völker, bei denen in Notzeiten die Hunde ernährt wurden, die Alten jedoch nicht. Das unterstreicht, welche Bedeutung Hunde für diese Menschen haben mußten.

Künstlerische Darstellungen von Ritualen, Kulten und Jagdszenen der späten Steinzeitmenschen machen deutlich, daß deren Verhältnis zu ihren Hunden weit über die Nützlichkeit hinausging. So gab es bei den alten Griechen z. B. Tempel, in denen Hunde als Heiler tätig waren. Auch in anderen Kulturen galt das Belecken einer erkrankten Körperstelle von «heiligen Hunden» als heilsam. Die moderne Medizin ist gerade dabei, die positiven Wirkungen von Haustieren auf ihre Besitzer (wieder) zu entdecken. Die Befunde mehren sich, in denen überraschend günstige Effekte auf alle möglichen Erkrankungen belegt werden. Der Hang der Hunde zum «beschlabbern» steht dabei nicht im Vordergrund der Betrachtungen.

Viele Hunderassen, die wir heute kennen, finden wir bereits bei den alten Ägyptern. Da gab es kleine Luxushunde, Windhunde, mit denen gejagt wurde, und Mastiffs, die im Krieg eingesetzt wurden.

Sieht man von gewissen züchterischen Kapriolen der letzten 100 Jahre ab, so ist die Zeit, was die Mensch-Hund-

Beziehung betrifft, seit 8000 Jahren stehengeblieben; ganz im Gegensatz zur Geschichte der Menschheit.

So kam die Katze zum Menschen

Die Mensch-Katze-Geschichte beginnt wesentlich später. Die Menschen mußten erst seßhaft werden, Ackerbau und Viehzucht entwickeln, erste Städte erbauen, bevor sie «reif» waren, Katzen schätzen- und liebenzulernen. Für diese frühen Zivilisationen war nämlich die Notwendigkeit gegeben, Vorräte anzulegen. Natürlich waren die Getreidelager, damals wie heute, ein gefundenes Fressen für Mäuse und Ratten, die sich rasch zu lebensbedrohlichen Plagen entwickelten. Solcherlei Kleinsäuger hatten seit jeher ihre natürlichen Feinde, nämlich kleine Raubtiere wie z. B. Katzen. Glücklicherweise gab es Katzen, die ihre Furcht vor dem Menschen überwinden konnten. Diese suchten die Nähe der Vorratslager.

Was sie vorfanden war ein Schlaraffenland. Ganze Scharen von fetten Mäusen, die sich nur vom Feinsten ernährten und – freundliche, zuvorkommende Menschen, die alles taten, damit die Katzen ihr segensreiches Wirken fortsetzten. Umgekehrt mußte den Menschen die Ankunft dieser kleinen Jäger wie ein Geschenk des Himmels vorgekommen sein. Waren sie doch außerstande, dem Treiben der Nagetiere wirksam Einhalt zu gebieten. Die Beziehung zwischen Mensch und Katze war von Anfang an von handfesten Interessen auf beiden Seiten bestimmt.

Das alles spielte sich in Ägypten vor ca. 3500 Jahren ab. Seit dieser Zeit bezeugen Fresken und Hieroglyphenschriften die große Verehrung der Ägypter für ihre Hauskatzen. Entwickelt haben sie sich aus der Falbkatze. Die heutigen schlanken Rassen sehen ihr noch sehr ähnlich.

Vom freiwilligen Anschluß wilder Falbkatzen bis zur Haltung und Aufzucht von Hauskatzen für die vermehrte

Nagerbekämpfung brauchte es, anders als beim Wolf, keine Jahrtausende. Die Katzen taten von Anfang an nur das, was ohnehin ihrer Natur entsprach und entspricht. Sie mußten sich nicht an die Menschen anpassen. Vielmehr waren diese auf die kleinen Jäger angewiesen und verehrten sie so, wie sie waren. Eine Zuchtwahl fand höchstens insofern statt, als daß die unängstlichsten von ihnen bevorzugt zur Weiterzucht gelangten.

Die Katze war als Gebrauchstier von Anbeginn perfekt. Anders als beim Wolf wurde gar nicht erst versucht, einzelne Eigenschaften für bestimmte Zwecke herauszuzüchten. Auch mußten Katzen bei der Jagd niemals lernen, mit Menschen zu kooperieren oder sich ihnen unterzuordnen. Da haben wir Menschen uns lieber herausgehalten.

So sind Katzen bis heute das geblieben, was sie seit jeher waren, selbständige, ortsgebundene kleine Raubtiere. Sie leben und jagen allein und besitzen trotzdem die erstaunliche Fähigkeit, Menschen zu tolerieren und Kontakt, sogar körperlich, zu ihnen zu suchen. Menschen haben es seit jeher eher als «Gnade» angesehen, wenn eine Katze ihre Gesellschaft suchte. Was Hunde schlicht zum Überleben benötigen, bei Katzen erscheint es als Luxus.

Wer bei den alten Ägyptern einer Katze etwas zuleide tat, wurde hart bestraft. Starb das Tier, mußte der Täter gar mit der Todesstrafe rechnen. Verstarb eine Katze auf natürliche Weise, trugen alle Familienmitglieder Trauer. Die Tiere wurden balsamiert, das Gesicht mit einer Holzmaske bedeckt, der Körper mit Tüchern verhüllt. Bestattet wurden sie in Holzsärgen oder Körben. Nur hochgestellte Persönlichkeiten wurden aufwendiger behandelt.

Katzen wurden als heilige Tiere verehrt. Es gab sogar eine Katzengöttin namens Bastet. Hunderttausende von Ägyptern feierten alljährlich ein Fest zu Ehren der Katzengöttin. Die verstorbenen Katzen wurden bei diesen Anlässen kunstvoll mumifiziert und zu Hunderttausenden bestattet. Was diesen Katzenkult bis 390 n. Chr. so beliebt machte, waren sicherlich auch die ekstatischen Zeremonien, die dabei stattfanden.

Wir alle kennen die Sphinx, jene majestätische Katzengestalt, die da im ägyptischen Wüstensand ruht. Vielleicht haben Sie auch schon einmal jene anmutigen Statuetten gesehen, die die Ägypter in großer Zahl von ihren Hauskatzen anfertigten. Noch heute strahlen diese Kunstwerke das aus, was auch wir an Katzen schätzen: Gelassenheit, Eigenständigkeit und Anmut.

Wenn es nach dem Willen der Ägypter gegangen wäre, hätten Katzen niemals den Weg zu uns finden dürfen. Sie verboten jeden Export von Hauskatzen. Ähnlich wie bei Autos der gehobenen Klasse wurden gestohlene Exemplare wie kleine Schätze außer Landes geschmuggelt. Wer zu diesen Zeiten etwas auf sich hielt, besaß eine Hauskatze. Zunächst nur die Wohlhabenden rund ums Mittelmeer, später tauchten sie als Schädlingsbekämpfer in ganz Europa auf. Überall wurden sie gehegt und gepflegt, nahmen unverzüglich ihre Tätigkeit als «Lagerhelfer» auf.

Mit einer Ausnahme: Die Kirche des Mittelalters sorgte für eine qualvolle Epoche in der Geschichte der Hauskatze. Sie erklärte Katzen zu Hexen und Satansgeschöpfen. Möglicherweise, weil Katzen in früheren heidnischen Kulten eine Rolle gespielt hatten. Sie forderten ihre Gläubigen auf, Katzen, wo immer sie sie antrafen, zu quälen und ihnen soviel Schmerzen zuzufügen wie nur irgend möglich. Die Kleriker selbst gingen mit «gutem Beispiel» voran, indem sie regelmäßig Katzen aus den Luken ihrer Kirchtürme warfen, bei lebendigem Leib verbrannten, kreuzigten und ihnen antaten, wozu nur die menschliche Phantasie fähig ist. Das Ganze an christlichen Feiertagen und in aller Öffentlichkeit; im Namen des Schöpfers.

Mehrere Jahrhunderte sollte dieses finsterste Kapitel in der Geschichte der Hauskatze andauern. Glücklicherweise ist es vorbei. Geblieben ist höchstens der Aberglaube, daß schwarze Katzen Unglück bringen. In England sollen eben diese schwarzen Tiere Glück bringen. Man muß eben daran glauben.

Anders als Hunde sind Katzen auch rein äußerlich im wesentlichen unverändert geblieben. Erfreulicherweise sind ihnen einige der extremen Züchtungen, wie wir sie vom Hund kennen, erspart geblieben. So gibt es keine asthmatischen, keine Mikro- und keine Riesenkatzen, deren Gelenke und Bänder dem Körpergewicht nicht standhalten. Der Gewichtsunterschied zwischen großen und kleinen Hunderassen ist fünfzigmal so groß wie der bei Katzen.

Es gibt Farbvarianten, die rein gezüchtet wurden. Rassen mit längerem Fell, das die Tiere aber nicht daran hindert, ihre Augen zu benutzen. Viele schlanke Rassen, die der wilden Stammutter sehr ähneln, die sogenannten Edelkatzen (Siam-, Burmakatzen usw.) und solche, die durch Einkreuzungen mit heimischen Wildkatzen etwas schwerer sind, kräftiger und puscheliger aussehen. Unsere getigerte graue Hauskatze gehört dazu.

Den meisten Hauskatzen blieb die Auswahl ihrer Sexualpartner jedoch selbst überlassen. Das Ergebnis sind gesunde Tiere, die ihre Herkunft niemals verleugnen können, weder im Aussehen noch im Verhalten. So sind gerade mal 100 Katzenrassen entstanden, die sich im wesentlichen in Fellmerkmalen unterscheiden. Dagegen gibt es 450 Hunderassen, wobei die unterschiedlichsten Körperbauformen entstanden sind. Bei einigen Rassen fällt es dem unvoreingenommenen Betrachter schwer zu glauben, daß auch diese Geschöpfe vom Wolf abstammen. Bei Katzen tauchen solcherlei Herkunftszweifel nie auf.

Die Geschichte einer einzigartigen Beziehung
So kam die Katze zum Menschen

Anders als beim Hund und im Gegensatz zum Image der Katzen ist die Geschichte ihrer Domestikation viel klarer und direkter als die des Wolfes. Sie begann mit einem eindeutigen Vertrag zum gegenseitigen Nutzen. Die Katzen säuberten die Vorratslager von Mäusen und Ratten, und die Menschen ließen sie gewähren und beschützten sie.

Verstehen ohne Worte – Die Grundlagen der Tier-Mensch-Beziehung

Man muß sich schon sehr gut kennen und sehr vertraut miteinander sein, wenn es mit der wortlosen Verständigung klappen soll. Dann spürt man einfach, wie es dem anderen geht, und verhält sich entsprechend. Es ist eine «höhere» Form der Kommunikation. Das Wesentliche ist gesagt. Die Beziehung stimmt. Was der andere denkt und fühlt, erfährt man aus seiner Haltung, aus dem, was sein Gesicht ausdrückt. Es ist ein Zustand tiefen Einvernehmens, den die meisten von uns wohl nur selten erleben.

Menschen täuschen sich oft, wenn sie glauben, den anderen zu verstehen. Wir neigen dazu, von uns auf andere zu schließen. Oft gehen wir davon aus, daß unser Gegenüber ähnliche Wahrnehmungen und Empfindungen hat wie wir. Aus meiner beruflichen Praxis weiß ich, daß viele Menschen eine Menge Probleme haben, weil sie zu wissen glauben, was andere denken.

Eine Klientin von mir kochte ihrem Mann jeden Sonntag eine Leberknödelsuppe als Vorspeise – seit 25 Jahren. Sie glaubte, daß ihr Mann Leberknödelsuppe für sein Leben gern aß. In Wirklichkeit hatte der Mann sie nie gemocht. Als seine Frau ihm diese Speise zum erstenmal als besondere Spezialität vorsetzte, aß er sie mit Widerwillen, während er artig die Kochkünste seiner Frau lobte. Er wollte sie nicht verletzen, und kochen konnte sie sonst wirklich gut. Für die Frau brach eine Welt zusammen, als dieses Thema, eher zufällig, auf den Tisch kam.

Es gibt eine berühmte Geschichte zu diesem Thema. Sie stammt von *Paul Watzlawick*, einem weltweit bekannten Psychotherapeuten und Wissenschaftler. Sie macht jene menschliche Schwäche des «Gedankenlesens» ebenso witzig wie präzise deutlich:

«Ein Mann will ein Bild aufhängen. Den Nagel hat er, nicht aber den Hammer. Der Nachbar hat einen. Also beschließt unser Mann, hinüberzugehen und ihn auszuborgen. Doch da kommen ihm Zweifel: Was, wenn der Nachbar mir den Hammer nicht leihen will? Gestern schon grüßte er mich nur so flüchtig. Vielleicht war er in Eile. Aber vielleicht war die Eile nur vorgeschützt, und er hat etwas gegen mich. Und was? Ich habe ihm nichts angetan; der bildet sich da etwas ein. Wenn jemand von mir ein Werkzeug borgen wollte, ich gäbe es ihm sofort. Und warum er nicht? Wie kann man einem Mitmenschen einen so einfachen Gefallen abschlagen? Leute wie dieser Kerl vergiften einem das Leben. Und dann bildet er sich noch ein, ich sei auf ihn angewiesen. Bloß weil er einen Hammer hat. Jetzt reicht's mir wirklich. – Und so stürmt er hinüber, läutet, der Nachbar öffnet, doch bevor er guten Tag sagen kann, schreit ihn unser Mann an: ‹Behalten Sie Ihren Hammer, Sie Rüpel!›» (aus: Anleitung zum Unglücklichsein, Piper 1983, S. 37)

Das ist der Stoff, aus dem die Mißverständnisse sind. Oft sind die Folgen für die Betroffenen allerdings leidvoller und erfolgen nicht mit so großer Verzögerung wie in dem Beispiel mit der Leberknödelsuppe.

Wir Kulturmenschen haben es verlernt, bewußt auf körperliche und mimische Botschaften zu achten. Die Frau aus dem ersten Beispiel hätte sonst vielleicht bemerkt, *wie* ihr Mann die Suppe gegessen hat. Unter Kommunikation verstehen viele ausschließlich die Worte, die zwei Menschen miteinander wechseln.

Tiere haben keine Worte

Mit unseren vierbeinigen Freunden können wir uns nicht unterhalten wie mit unseresgleichen. Es liegt auf der Hand, daß das Fehlen einer gemeinsamen Wortsprache sich auf die Verständigung auswirken muß. Offensichtlich hat das bei der Kommunikation zwischen Menschen und Tieren gewisse Vorteile. Gesten sind viel schwerer mißzuverstehen als Worte. Auch wird unsere Sprache am häufigsten benutzt, wenn wir etwas vortäuschen wollen. Sie eignet sich einfach am besten dazu.

Worte unterliegen weit mehr der bewußten Kontrolle als unsere Stimme oder unsere Körperhaltung. Sie kennen wahrscheinlich das Gefühl, das sich einstellt, wenn der Gesichtsausdruck einer Person ihren Worten wider-*spricht*. Wenn Ihnen beispielsweise jemand mit gequältem Gesicht versichert, wie toll es ihm geht. Falls Sie das nicht kennen, kann Ihnen die nachfolgende kleine Übung einen Eindruck davon vermitteln:

Sie brauchen nur die Arme (mit den Handflächen nach oben) hochzurecken, den Blick an die Decke zu richten und folgende Worte auszusprechen: «Ich fühle mich total niedergeschlagen.» – Wie fühlen Sie sich dabei? Das paßt einfach nicht zusammen. Trotzdem passiert es uns öfter, daß wir Dinge sagen, die nicht mit unserem inneren Erleben übereinstimmen. Es gibt viele, auch gute Gründe, sich manchmal so zu verhalten, gesund ist es auf Dauer nicht.

Bei unseren Haustieren brauchen wir aus unserem Herzen keine Mördergrube zu machen. Ihnen gegenüber können wir uns ganz ungeniert und frei verhalten und ebenso drauflosreden. Wir konkurrieren nicht mit ihnen, haben normalerweise keinen Grund zur Eifersucht, müssen uns um ihre Zuwendung keine Gedanken machen. Die bekommen wir, so wie wir sind.

Neid, Mißgunst, Geltung, all die Dinge, die menschliche Beziehungen vergiften, spielen hier keine Rolle.

Die Tatsache, daß unsere vierbeinigen Hausgenossen keine Worte haben, hat die wohltuende Konsequenz, daß Sie uns nicht wider*sprechen* können. Von Anfang an sind sie darauf angewiesen, sich mit ihrem Körper, ihrem Gesicht oder ihren Lauten mitzuteilen.

Damit sind sie sozusagen zur Ehrlichkeit verdammt. Tieren gegenüber sind wir Menschen das übrigens auch. Was auch immer Sie zu Ihrem Tier sagen, die Botschaft liegt in Ihrer Stimme, Ihrer Haltung und Ihrem Handeln. Ihre Katze, Ihr Hund wird auf das reagieren, was Sie bei Ihren Worten empfinden.

Niemand macht einem Hund oder einer Katze so leicht etwas vor.

Natürlich hören Katzen und Hunde unsere Stimme, wenn wir sprechen

Vor allem aber hören sie, *wie* wir das tun. Was die Worte für uns bedeuten, können sie nicht ergründen. Bedeutung erlangt das gesprochene Wort für sie einerseits durch die Qualität unserer Stimme, andererseits durch die Begleitumstände und Konsequenzen, die mit den Worten verbunden sind.

Ob Sie zu Ihrem Hund «Pfui!» sagen oder «Fleisch!» ist völlig egal. Er wird mit dem «Wort» das verbinden, was Sie sonst noch mitteilen, sei es nun Ärger, der in Ihrer Stimme anklingt, oder ein Ruck an der Leine. Aber bleiben Sie lieber bei Ihrem gewohnten «Pfui!», wenn Ihr Tier etwas unterlassen soll, es geht Ihnen sicherlich überzeugender von den Lippen als ein Wort, das für Sie eine neutrale oder positive Bedeutung hat.

Natürlich denkt Ihr Tier nicht: «Bloß vorsichtig, jetzt ist Herrchen aber sauer.» Vielmehr wird es sich an eine Situation erinnern, in der Sie genau diese Stimmlage und diese Körperhaltung zeigten und dem «Übeltäter» vielleicht einen Klaps verabreicht hatten. Der Klaps tat weh; das Wort «Pfui!» hatte fortan seine Bedeutung.

Alle Lebewesen streben danach, unangenehme Reize zu vermeiden

Eine einzige negative Erfahrung genügt oftmals, den Reiz oder die Situation ein Leben lang zu vermeiden. Eine Spinnenphobie z. B. kann ein Leben lang bestehenbleiben, obwohl diese Tiere der betroffenen Person niemals etwas getan haben. Es reicht, wenn ein Kind einmal erlebt hat, wie die Mutter in Gegenwart einer Spinne in Panik geriet.

Solche prägenden Lernprozesse finden auch bei unseren Haustieren statt. Auch sie erwerben die meisten ihrer Vorlieben und Abneigungen in ihrer Kindheit und Jugend, aber auch solche Verhaltensweisen, die uns später als Unarten vorkommen. Deshalb ist es wichtig, beispielsweise bei der Reinlichkeitserziehung sehr früh konsequent darauf zu achten, daß das junge Tier das lernt, was es als erwachsener Hund / Katze tun soll. Schnell hat das Tierbaby sich an bestimmte Orte gewöhnt. Spätere Umerziehung kann dann sehr mühsam werden. Haustierbesitzer können ein Lied davon singen, wie schwer es ist, einen unerwünschten Lernvorgang zu korrigieren oder zu löschen.

Vor Ronja hatten wir Jule, eine kleine Münsterländerhündin. Als sie neun Monate alt war, passierte mir ein einziges Mal ein Mißgeschick, als ich sie vom Fahrrad aus anleinen wollte. Jule saß brav neben dem Fahrrad, aber der Abstand war ein wenig zu groß. Beim Herunterbeugen drehte sich das Vorderrad, und das Fahrrad kippte in ihre Richtung. Es war ein Damenrad. Deshalb konnte ich es nicht zwischen meinen Beinen halten. Erschreckt sprang Jule beiseite.

Fortan war sie ängstlich, wenn ich sie vom Fahrrad aus anleinen wollte, setzte sich noch etwas weiter weg und wandte den Kopf ab. Das machte die Sache für mich noch schwieriger und erhöhte das Risiko, daß das Vorderrad sich bewegte und umzukippen drohte. «Was Hänschen geprägt, vergißt Hans nimmermehr», könnte man in Anlehnung an ein Sprichwort sagen.

Die Angst legte sie erst ab, nachdem ich sie mehrmals für längere Zeit, neben dem Fahrrad an der Leine sitzen ließ und dabei das Vorderrad in ihre Richtung drehte; erst langsam, dann schneller. Dadurch konnte sie die Erfahrung machen, daß nichts passierte. Die alte Schreckreaktion war innerhalb weniger Tage gelöscht.

Nicht selten begegne ich Hundehaltern, die ihre eigene Angst oder das entsprechende Verhalten ihres Hundes damit begründen, daß ihr inzwischen erwachsener Hund als Welpe schlechte Erfahrungen, beispielsweise mit einem Schäferhund, gemacht habe. Natürlich wird dieser Hund seine «Phobie» niemals los, wenn er keine Gelegenheit erhält, gegenteilige Erfahrungen mit Schäferhunden zu machen.

Unsere Ronja reagierte furchtbar ängstlich auf viele Hunde, als wir sie im Alter von 8 Wochen zu uns nahmen.

Das Ausdrucksverhalten eines hochängstlichen Hundes ist schon sehr imponierend und appelliert an den Beschützer in uns. Wir haben uns davon nicht anstecken lassen, haben im Gegenteil freundlich und ruhig mit ihr, den anderen Hunden und deren Besitzern gesprochen. Dadurch haben wir ihr erfolgreich Zeit gegeben, ihre Angst zu überwinden. Selten mußten wir bei solchen Begegnungen lange warten, bis der «Spuk» vorbei war und die beiden Hunde einvernehmlich spielten.

So erhalten Worte eine Bedeutung für unser Tier

Ich kann mir vorstellen, daß im Gedächtnis der Tiere, genau wie bei uns, «Erinnerungsfilme» von bedeutsamen Erfahrungen abgespeichert werden, mit dem Unterschied, daß Worte darin keine Rolle spielen. Die Bedeutung ergibt sich aus den Konsequenzen, die das Verhalten oder Erlebnis für das Tier hatte.

Folgt auf ein bestimmtes Verhalten etwas Angenehmes, etwa ein Leckerli, so wird das Tier dieses Verhalten öfter zeigen. Wenn wir geschickt sind, können wir dieses Verhalten mit einem Wort verbinden. Das Kommando weist das Tier dann darauf hin, daß wir das vorher von uns belohnte Verhalten jetzt sehen möchten. Anders ausgedrückt, weiß der Hund, daß er einen Leckerbissen oder ein Lob bekommt, wenn er auf «Gib Pfötchen!» seine Pfote hebt. Auf diese Weise erhalten unsere Worte für das Tier Bedeutung.

Bei der Katze funktioniert die Bedeutungsgebung für Wörter genauso. Nur ist sie weniger bereit, auf bestimmte «Wörter» zu hören. «Gassi gehen» wäre ein Beispiel, das eine Katze völlig unberührt läßt. Das tut sie lieber allein. Es sei denn, sie hat gelernt, damit zu verbinden, daß die Terrassentür gleich aufgehen wird.

Bei der Kommunikation mit meinen Katzen spielten Worte als Verbote oder Aufforderungen nie eine große Rolle. Die reagierten eher auf Geräusche und Bewegungen, aus denen sie meine Absichten «ablesen» konnten, sei es, daß es ans Füttern ging oder daß meine Stimme ärgerlich klang. Alle besaßen ein feines Gespür dafür, wann Herrchen Zeit und Lust hatte, sie zu streicheln. Nur dann setzten sie sich auf den Schoß oder nahmen auf ihre Weise Kontakt zu mir auf.

Wo und wie sie berührt werden wollen, machen Katzen einem unaufdringlich, aber unmißverständlich klar, indem sie sich drehen und wenden oder sich der streichelnden Hand entgegenrecken. Fast könnte man sagen, sie verführen ihre menschlichen Partner dazu, es für sie so angenehm wie möglich zu machen. Untermalt wird das Ganze von einem an- und abschwellenden Schnurren, das mich ein wenig an jene tief aus dem Kehlkopf kommenden «Mmmh»-Laute erinnert, die Menschen als Ausdruck tiefster Behaglichkeit von sich geben. Wortlose Verständigung in Vollendung.

Stellen Sie sich einmal vor, welche ungeheuren Fähigkeiten Sie erworben hätten, wären Sie ohne Sprache aufgewachsen. Wie genau Sie gelernt hätten zu beobachten. Kleinste Veränderungen in der Haltung, in der Mimik, im Klang der Stimme Ihrer Mitmenschen würden für Sie die einzig zugänglichen Informationen sein. Nur dadurch könnten Sie versuchen herauszufinden, was Sie von Ihren jeweiligen Sozialpartnern zu erwarten haben. Ist er Ihnen wohlgesonnen oder nicht? Wird diese Person Ihnen geben, was Sie sich von ihr erhoffen? Können Sie sich überhaupt verständlich machen? Nehmen wir weiterhin an, daß Sie Laute von sich geben, mit denen Sie bestimmte Gefühlszustände mitteilen können. Wie wür-

den die Menschen, die eine Sprache haben, diese einordnen? Wie darauf reagieren?
Sicherlich hätten Sie im Laufe der Jahre gelernt, Ihre Lautäußerungen so einzusetzen, daß sie zu erwünschten Reaktionen führen. Das gleiche gilt für all Ihre Ausdrucksbewegungen. Sie wären gezwungen, Ihr gesamtes Verhalten an die Reaktionen der anderen Menschen anzupassen, wollten Sie erfolgreich kommunizieren. Das bedeutet ganz praktisch: Wenn Sie etwas Bestimmtes möchten, müssen Sie sehr genau beobachten, ob Ihre «Gesprächspartner» Sie verstehen. Wenn nicht, können Sie ein anderes Verhalten probieren. Immer in der Absicht, etwas Bestimmtes zu erreichen.
Das klingt vielleicht etwas befremdlich in seiner Zweckgerichtetheit, aber Kommunikation hat immer nur ein Ziel: Nämlich etwas zu erreichen, und sei es nur, sich verstanden zu fühlen oder die Sorte Brötchen vom Bäcker zu bekommen, die Sie haben wollen. «Gut, daß mir das erspart geblieben ist», mag der eine oder andere von Ihnen jetzt vielleicht denken. Gleichwohl, unseren Haustieren gegenüber sind wir in genau dieser Lage.

Nicht umsonst ist die non-verbale Kommunikation ein fester Bestandteil vieler Trainings- und Psychogruppen. Dadurch sollen die Teilnehmer für Körpersprache und -ausdruck sensibilisiert werden.

Und so verstehen wir sie

Wenn meine Katze beabsichtigt, das Haus zu verlassen, muß Sie mir das mitteilen. Für das junge Tier eine schier unlösbare Aufgabe. Anfangs lief sie einfach, ihrem Antrieb folgend, zur Terrassentür. Das war für uns nicht immer eindeutig. Mittlerweile herrscht diesbezüglich Klarheit.

Miezi läuft zur Terrassentür und kratzt an der Scheibe. Sie hat gelernt, daß wir diese «Bitte» fast immer damit beantworten, daß wir die Tür öffnen. Was auch immer dazu geführt haben mag, dieses für ihre menschlichen Freunde eindeutige Signal zu «erfinden», für Miezi zählt nur das Ergebnis. Mit Sicherheit hat sie als junges Tier auch noch andere Versuche unternommen, uns zu zeigen, daß sie in den Garten will. Nur leider haben wir sie nicht verstanden. Mit dem Kratzen an der Scheibe hat sie uns für alle Zeiten ein «Fremdwort» beigebracht. Für Miezi ein Riesenerfolg. Sicherlich hat sie noch mehrere solcher Erfolge aufzuweisen, ob wir es nun immer merken oder nicht.

Erinnern Sie sich noch an die Grundregel der Kommunikation von Seite 19? In dem letzten Beispiel hat Miezi uns deren Anwendung demonstriert. Wichtig war nicht, was sie tat, sondern welche Reaktion sie erzielte. Eine Katze an unserer Stelle hätte vielleicht sofort erkannt, daß Miezi raus will, wir nicht.

Was ich als erwachsener Mann in meinen professionellen Fortbildungen erst lernen mußte, für unsere Haustiere ist das vom ersten Tag ihres Daseins an selbstverständlich. Sie haben keine andere Wahl, insbesondere im Kontakt mit uns Menschen. Untereinander können sie sich auf eine Reihe von angeborenen Signalen und Verhaltensweisen verlassen, auch gegenüber Feinden und Beutetieren. Im «familiären» Zusammenleben mit uns sind sie dagegen die berühmten «... Meister, die vom Himmel gefallen sind», wenn es darum geht, obige Grundregel «anzuwenden». Natürlich befolgen unsere Hausgenossen keine Regeln, vielmehr lernen sie einfach am Erfolg bzw. aus den Konsequenzen.

Von uns Menschen kann man das bei der Kommunikation nicht immer behaupten. Da muß man sich manchmal wundern, daß Dressurversuche überhaupt zu sinnvollen

Ergebnissen führen. Irgendwann lernt das Tier, was Herrchen oder Frauchen mit einer bestimmten Lautäußerung wohl eigentlich meint. Da geben Hundehalter in langen Sätzen Erklärungen ab, um ihrem Welpen «Sitz» oder «Halt» beizubringen. Einige beschwören, daß ihr fünf Monate (!) altes Tier jedes Wort versteht. Als staunender Zeuge fragt man sich, woran man das denn erkennen kann?

Soweit ich weiß, lernen Tiere solche Kommandos nur dann, wenn sie bestimmte Verhaltensweisen mit eindeutigen Lautäußerungen verknüpfen können und wenn es für sie von Vorteil ist. D.h., daß sie einer zu erwartenden Bestrafung entgehen können oder mit einer Belohnung rechnen dürfen. Diese Verknüpfung ist darüber hinaus nur möglich, wenn Verhalten, Befehl und Konsequenz (Belohnung oder Bestrafung) innerhalb weniger Sekunden erfolgen. Damit sind Irrtümern und Erziehungsmißerfolgen Tür und Tor geöffnet.

Ein typisches Beispiel ist die junge Katze, die die Abwesenheit ihrer Besitzerin nutzte, um ihre Kletterkünste an der Gardine zu erproben. Frauchen kommt nach Hause, die Katze läuft zu ihr, reibt das Köpfchen an ihren Beinen. Die sonst sehr empfindsame Katzenbesitzerin sieht die geschundenen Gardinen und schreit ihren Zorn heraus, noch während die Katze mit ihr «schmust».

Sie können sich vorstellen, was diese Katze gerade gelernt hat: «Köpfchen geben» hat angsteinflößende Lautäußerungen oder Schlimmeres zur Folge. Das mit der Gardine hat damit rein gar nichts zu tun. Das ist viel zu lange her.

Jeder Hundebesitzer weiß, wie es ist, wenn der Hund mal wieder fünf, zehn oder noch mehr Minuten im Gelände verschwunden ist. Man pfeift, man ruft; der Hund hört einfach nicht. Endlich bequemt er sich zu kommen. Und wenn die Zähne vor Wut noch so sehr knirschen, dies den Hund spüren zu lassen wäre ein Kardinalfehler. Denn wenn er kommt, tut er etwas Erwünschtes, bestrafen wir ihn jetzt, wird er nächstes Mal zumindest Angst haben zurückzukommen. Es ist nicht allzuschwer, Hunde auf solche Weise regelrecht neurotisch zu machen.

Bei der Dressur können aber auch rein zufällig Irrtümer vorkommen. Dieses Beispiel soll demonstrieren, wie sorgfältig man bei der Erziehung von Haustieren auf die Gestaltung der Lernsituation und des eigenen Verhaltens achten muß: *Ein Hundebesitzer will seinem Welpen das Kommando «Sitz» beibringen. Das Paar geht also einträchtig auf dem Bürgersteig. Kurz vor dem Kantstein sagt Herrchen: «Sitz!» und drückt den Hund sanft, aber bestimmt, in die gewünschte Haltung. Neben den beiden beschleunigt gerade ein Auto, dessen Auspuff defekt ist. Der Hund verbindet dieses erschreckende Geräusch mit dem Verhalten sich hinzusetzen. Schließlich hat Herrchen ihn dafür gestreichelt und freundliche Laute von sich gegeben. Das hat den Hund beruhigt.*
Auf dem Heimweg fährt das gleiche Auto an den beiden vorbei. Der Hund macht Sitz – Herrchen wundert sich; denn es ist kein Kantstein in Sicht, und gesagt hat er auch nichts.

Wie Sie sehen, ist es gar nicht so leicht, Katze oder Hund «tiergerecht» zu erziehen. Wir können eben nicht in ihre Köpfe schauen. Das ist sogar bei unseren langjährigen menschlichen Partnern schwierig, wenn nicht gar illusionär. Aber das wäre ein anderes Buch.

Glücklicherweise entsprechen die geschilderten Beispiele nicht der Regel. Die Geschichte der Mensch-Haustier-Beziehung ist ja schließlich keine von Mißverständnissen geschüttelte Tragödie, sondern eher eine unbeschwerte Familienserie. Unsere Ahnen wußten nichts von Lernpsychologie, trotzdem haben sie, sozusagen «aus dem Bauch heraus», richtig gehandelt. Mit dieser «Methode» haben sie die meisten Kapitel der gemeinsamen Erfolgsgeschichte geschrieben.

Nicht jeder Zeitgenosse kennt die Gesetze, nach denen Lernen sich vollzieht. Muß er auch nicht – Menschen und Tiere verhalten sich natürlicherweise so. Forscher haben das penibel beobachtet und in Form von Lerngesetzen beschrieben.

Wer sein Tier gern hat und achtet, wird sich ganz von allein so verhalten, daß eine einvernehmliche Kommunikation mit seinem Hausgenossen entsteht.

Festhalten können wir nach diesem Abschnitt, daß das Fehlen einer Wortsprache unsere Beziehung zu den Tieren entscheidend beeinflußt. Ich weiß nicht, wie es sich auswirken würde, wenn Katzen und Hunde uns ihre Meinung sagen könnten. Sehr wichtig scheint mir auch die Tatsache zu sein, daß wir mit unseren Haustieren nicht konkurrieren, daß wir nicht um Macht, Geltung oder Vorrang mit ihnen kämpfen. Scham, Schuld, Peinlichkeit – all das gibt es hier nicht.

Wir fühlen uns ihnen überlegen, auch wenn es manchmal nicht so aussieht. Deutlich wird auch, daß Lernprozesse auf beiden Seiten gleichermaßen eine große Rolle spielen. Beide Seiten sind darauf angewiesen, ihr nichtsprachliches Ausdrucksverhalten einzusetzen und das des anderen zu verstehen.

Zwischen uns und unseren Hausgenossen entsteht eine höchst exklusive «Privatsprache».

Eine vergleichbare Lernfähigkeit findet man bei vielen

Tierarten, und sprechen können die auch nicht. Bei Hunden und Katzen muß es darüber hinaus auch biologische Voraussetzungen geben, die es uns und ihnen erlauben, so gut miteinander auszukommen.

Die Mitgift von Katze und Hund

In unseren Wohnungen und Häusern findet man alle möglichen Tierarten. Es gibt Hamster, Kaninchen, Vögel, Reptilien und Fische. Mit Ausnahme einiger Vogelarten (z. B. Papageien) kann man in diesen Fällen jedoch nicht von Beziehungen reden, die auch nur annähernd die Intensität erreichen wie die zwischen Menschen und ihren Katzen oder Hunden. Dafür muß es Gründe geben.

Zunächst läßt sich feststellen, daß Menschen, Katzen und Hunde das Ergebnis von vielen Millionen Jahren Evolution sind. Jede Spezies ist dabei fortwährenden Anpassungs- und Ausleseprozessen unterworfen gewesen. Herausgekommen sind drei Säugetierarten, die für ihre jeweiligen Lebensbedingungen ideal ausgerüstet sind. Körperbau, Sinne und Nervensystem haben es ihnen erlaubt, erfolgreich zu überleben und sich fortzupflanzen. Alle drei haben sich über den ganzen Erdball verbreitet.

Die zahlreichen Übereinstimmungen in den Organen und im Körperbau sollen uns hier nicht weiter beschäftigen. Die sind zwischen Menschen und Walen oder Haselmäusen auch sehr groß. Was uns einem Verständnis dieser einzigartigen Beziehung näherbringen kann, ist ein Vergleich erstens der Sinnesorgane, mit denen die Tiere und wir die Welt um uns herum wahrnehmen, und zweitens des Verhaltens, sei es nun angeboren oder erlernt.

Das Gehirn ist der Meister, die Sinne das Werkzeug, der Körper das Baumaterial (frei nach *Paracelsus*).

Die wichtigsten Sinne im Vergleich

Reagieren können Lebewesen nur auf das, was sie sehen, hören, fühlen, riechen oder schmecken. Wie sie ihre Umgebung wahrnehmen, hängt zunächst einmal davon ab, was die Sinne aufnehmen. Die Sinnesleistungen sind bei den drei betrachteten Spezies sehr unterschiedlich.

Sehen

Menschen und Katzen können sehr gut sehen. Da sind uns die kleinen Räuber sehr viel ähnlicher als Hunde. Die sehen nämlich vergleichsweise schlecht. Blinde Hunde soll man an ihrem Verhalten kaum von sehenden unterscheiden können. Damit ist indes nicht bewiesen, daß dem Gesichtssinn bei Hunden keine Bedeutung zukommt. Das besagt lediglich, daß geblendete Tiere sich hervorragend zu orientieren vermögen. Ob Katzen oder Hunde Farben erkennen können, ist bis heute nicht nachgewiesen. Man nimmt an, daß diese Fähigkeit teilweise vorhanden ist. Eine Aussage, die nicht gerade von großer Sicherheit der Wissenschaftler zeugt.

Was auffällt, ist, daß Farbsignale bei beiden Arten keine Rolle spielen. Tiere, die Farben sehen können, nutzen diese Fähigkeit, indem sie Farbsignale in der Kommunikation einsetzen. Vögel z. B. können Farben sehen und verwenden sie auf vielfältige Weise. Kein Papagei wäre so auffällig bunt, würden seine Artgenossen dies nicht «zu würdigen wissen». Auch im Verhältnis zwischen Räuber und Beute können Farben bedeutsam sein. Wer sich Papageien als Nahrungsquelle ausgesucht hat, sollte Farben möglichst gut erkennen können.

Die Beutetiere von Hunden und Katzen scheinen genauso farbuntüchtig zu sein wie ihre Jäger. Man erkennt das daran, daß auch im Leben dieser Nager und Pflanzenfresser Farben und Farbsignale keine Rolle spielen. Bei der

Jagd hätten Hunde und Katzen daher kaum Vorteile, würden sie Farben erkennen. Die Natur arbeitet immer sehr ökonomisch.

Hören

Sowohl Katzen als auch Hunde können sehr gut hören, viel besser als wir. Vor allem nehmen sie Tonhöhen wahr, auf die unser Ohr nicht anspricht. Katzen hören z. B. die Ultraschallaute von Mäusen tief unter der Erde. Die Hundepfeife gibt Töne von sich, die nur das Hundeohr registriert. Sie können mit Ihrem Hund getrost leise «sprechen». Hören kann er Sie in jedem Falle.

Katzen sollen sogar die Fähigkeit besitzen, holographisch zu hören, d. h. aus akustischen Ereignissen Raumbilder entwickeln. Man erklärt sich damit die erstaunlichen Orientierungsleistungen, die Katzen vollbringen, kehren sie von weit entfernten Orten nach Hause zurück. Immer wieder wird berichtet, daß Katzen heimfinden, selbst wenn sie mehrere hundert Kilometer im Auto transportiert und dann ausgesetzt wurden. Ähnliche Orientierungsleistungen werden auch von Hunden berichtet. Schlittenhunde finden beispielsweise noch im dichten Schneetreiben Alaskas den kürzesten Weg zum Zielort. Wie sie das machen ist unbekannt. Ohne Navigationsinstrumente wären Menschen in einer solchen Situation zum Tode verurteilt.

Riechen

Für alle drei Arten ist der Geruchssinn wichtig. Gerüche geben Aufschluß darüber, ob Feinde oder Beute in der Nähe sind, auch wenn sie weder zu sehen noch zu hören sind. Insbesondere für Hunde trifft zu, daß sie riechen, wer sich ihnen nähert und in welcher Stimmung der andere ist; ob er ängstlich, aggressiv oder sexuell bereit ist. Manche Rüden riechen läufige Hündinnen über mehrere hundert Meter und finden die mögliche Partnerin sehr schnell und zielstrebig – immer der Nase nach.

Was der Geruchssinn uns allen verrät, ist, ob etwas genießbar ist, ob es angenehm riecht oder nicht. Bestimmte Gerüche versetzen uns Menschen unmittelbar in längst vergangene Zeiten. Spezifische Düfte bedeuten für uns ein Leben lang Angenehmes oder Übles, Weihnachten bei Oma oder ein besonderer Urlaubsort im Süden. Von allen Sinnen hat die Nase den direktesten «Draht» zum Gehirn und zu den Emotionen. «The nose knows» sagte einmal einer meiner therapeutischen Lehrmeister.

Korrespondierend zu ihrem hochentwickelten Geruchssinn, besitzen Hunde ein enorm entwickeltes Riechhirn. Dort müssen sich Empfindungswelten abspielen, von denen wir nicht einmal träumen können.

Warum Katzen soviel schnuppern, weiß kein Mensch. Sie riechen in etwa so gut wie wir. Für Jagd und Fernorientierung nützt ihnen der Geruchssinn vergleichsweise wenig. Niemals läuft eine Katze mit der Nase auf dem Boden einer Spur entlang. Vielmehr hält sie den Kopf hoch, damit sie besser sehen kann. Vielleicht sind die Motive der Katzen für den ausführlichen Gebrauch der Nase den unseren ähnlich. Schließlich macht es Sinn, sich durch eine Geruchsprobe so manches Bauchgrimmen oder Schlimmeres vom Leib zu halten.

Bei Hunden ist der Geruchssinn am höchsten entwickelt und spielt insgesamt eine überragende Rolle. Anhand der zunehmenden Intensität der Geruchsspur erschnüffeln sie sogar die Richtung, in die sich ein Beutetier bewegt. Sind sie nahe genug dran, heben auch sie den Kopf und orientieren sich mit den Augen. Der extrem empfindlichen Nase von Hunden verdanken zahlreiche Opfer von Lawinenunglücken oder Erdbebenkatastrophen ihr Leben; Drogenschmuggler dagegen verfluchen sie.

Für uns Menschen ist es absolut unvorstellbar, was ein Hund über seine Nase erlebt. Der Spruch «Ich kann den nicht riechen.» oder «... gut riechen.» dürfte bei Hunden in vielen Entsprechungen existieren. Die Hundenase ist in der Lage, Essig in einer Verdünnung von 1:1300 Millionen wahrzunehmen. Um es zu veranschaulichen: Das wäre ein Fingerhut voll Essig, gründlich verteilt in dem Wasser eines normalen Freibades.

Fühlen

Was die Hautsinne (Tast-, Temperatur-, Druck- und Schmerzsinneszellen) betrifft, sind die Unterschiede nicht bedeutsam, mit Ausnahme der Schnurrhaare vielleicht. Bei Katzen sind sie besonders lang und empfindlich und vermitteln Informationen über die Lage von Beutetieren, die sie im Maul haben, und deren Bewegungen. Sie funktionieren wie kleine Antennen, die die Katze in alle Richtungen stellen kann. So helfen sie ihnen, Hindernissen, etwa im Unterholz, ausweichen zu können.

Insgesamt kann man feststellen, daß Katzen in ihrer Sinnesausstattung uns Menschen ähnlicher sind als Hunde. Würde man die Tiere nach ihrem wichtigsten Sinnesorgan benennen, könnte man Menschen und Katzen als Augentiere, Hunde als Nasentiere bezeichnen. Von daher müßte die Welt der Katze für uns leichter einfühlbar sein als die Art und Weise, wie Hunde diese Welt erleben. Gleichwohl unterhalten wir zu beiden Arten ein gutes Verhältnis.

Mit dem Wissen um deren Sinnesleistungen sind wir vielleicht in der Lage, unsere Hausgenossen besser zu verstehen. Wenn ich weiß, daß mein Hund etwas Bestimmtes nicht zu sehen vermag, kann ich sein Verhalten richtig deuten. Ebenso Verständnis fördernd kann es sein, wenn ich weiß, daß meine Katze Geräusche sehr gut hört, die ich nicht hören kann.

Das «Geheimnis» unserer besonderen Beziehung ist damit aber noch nicht gelüftet. Läßt doch die Leistungsfähigkeit der Sinnesorgane noch keinerlei Schlüsse darüber zu, was deren Besitzer dabei empfinden. Im folgenden Abschnitt widmen wir uns daher dem Verhalten unserer vierbeinigen Hausgenossen.

Eine kleine vergleichende Verhaltensbiologie

Tiere sprechen mit uns, indem sie sich ent-*sprechend* verhalten. Ob sie etwas anziehend, abstoßend oder belanglos «finden», «sagen» sie uns mit ihrem Körper oder durch bestimmte Lautäußerungen. Was sie innerlich bewegen mag, erschließen wir aus ihren Bewegungen.

Wenn meine Katze sich flach auf den Boden legt, mit den Hinterfüßen tretelt, die Schnurrhaare nach vorne auffächert, mit der Schwanzspitze zuckt – gespannt, wie ein Flitzbogen–, dann weiß ich, sie ist bereit, auf mein Spielangebot einzugehen. Das Papierkügelchen in meiner Hand signalisiert ihr meine Bereitschaft. Wie ein Pfeil, der von der Sehne schnellt, wird sie hinter dem Bällchen herjagen. Wenn sie «Lust» hat, wird sie mir das Kügelchen bringen und erneut in Position gehen. Mit Hunden erlebt man ganz ähnliche Rituale. Auch die fordern uns mit eindeutigen Gesten u. a. zum Stöckchenwerfen auf.

Zur Nahrungsbeschaffung, Fortpflanzung, Jungenaufzucht und Feindverteidigung, ob im Wolfsrudel oder im Katzenrevier, sind die Tiere mit einer Fülle von angeborenen Verhaltensweisen und Lernfähigkeiten ausgestattet. Diese sind bei unseren Hausgenossen grundsätzlich erhalten geblieben. Schauen wir uns im folgenden einmal an, welche Verhaltensmuster unsere Hausgenossen aufgrund ihrer stammesgeschichtlichen Herkunft mitbringen.

Hunde und Katzen sind Raubtiere – Menschen auch.
Wir essen zwar grundsätzlich alles, aber zu allen Zeiten

war tierische Nahrung unsere wichtigste Eiweißquelle. Für alle drei Spezies ist es also lebensnotwendig, genau beobachten und präzise abschätzen zu können, was ihre Beute demnächst tun wird. Nur dann haben Raubtiere eine Chance zu überleben.

Jede der betrachteten Arten hat unterschiedliche Jagdstrategien entwickelt, abhängig von ihren speziellen Verhaltensmöglichkeiten und den sonstigen «Lebensumständen».

Zu den Lebensumständen gehören u. a. die Bedingungen des Lebensraumes. Bei der weltweiten Verbreitung aller drei Arten kann dieser sehr unterschiedlich sein. Bedeutsam ist auch, ob sie allein oder in Gruppen leben. Lernen spielt bei allen dreien eine wichtige Rolle, und das funktioniert grundsätzlich nach den gleichen Gesetzmäßigkeiten.

Katzen leben in ihren Revieren allein.

Keine Frage, daß sie beim Nahrungserwerb anders vorgehen als Hunde. Sie lauern ihrer Beute auf, schleichen sich heran, geschickt jede Deckung nutzend. Ihr geschmeidiger, äußerst reaktionsschneller Körper erlaubt es ihnen, kleine, sehr bewegliche Beutetiere zu fangen.

Hunde bzw. Wölfe hetzen in Rudeln vergleichsweise große Beutetiere.

Sie sind ausdauernde Läufer und große Strategen, wenn es darum geht, erheblich schnellere Beutetiere gemeinschaftlich zur Strecke zu bringen. Das ist nur dadurch möglich, daß nicht alle Jäger hinter dem Wild herrennen wie Kinder hinter einem Ball, sondern einige das Tier hetzen, andere ausschwärmen, um der Beute jederzeit den Weg abschneiden zu können.

Menschen haben ebenfalls stets in Gruppen gejagt, wobei sie ähnliche Strategien verfolgten wie Wölfe oder Hunde. Hund und Mensch sind auch ansonsten gesellig lebende Arten. Daher haben sie ein ausgeprägtes Kommunikations- und Sozialverhalten entwickelt. Ganz anders als unsere Katzen, die immer auf sich allein gestellt jagten und lebten. Unter den Bedingungen des Stadtlebens kommt es gleichwohl vor, daß Katzen sich an bestimmten Plätzen versammeln und dort vorübergehend erstaunlich gesellig sein können.

Aufgrund ihres konsequent sozialen «Lebensstils» kann man leicht verstehen, daß Hunde mit ihren menschlichen Sozialpartnern gut auskommen. Wie aber schaffen das die Katzen?

Frei lebende Katzen verhalten sich nur zum Zwecke der Fortpflanzung «sozial».

Und selbst das bringen sie mit jener sprichwörtlichen Schnelligkeit hinter sich. Der heftige Konflikt zwischen Fortpflanzungstrieb und Aggression ist bei der Paarung von Katzen deutlich zu erkennen. Reviernachbarn gehen sich eher aus dem Weg, als daß sie eine verletzungsträchtige Auseinandersetzung riskieren. Die Aufzucht der Jungen obliegt allein der Mutter.

Beobachtet man Katzen dagegen in dörflichen Gemeinschaften oder in den Hinterhöfen der Städte, so wundert man sich über die Flexibilität und Toleranz der Tiere. Eigentlich sind Katzen an solche Lebensbedingungen nicht angepaßt. Dort gibt es zwar Dominanz, wenn es darum geht, wer zuerst frißt und wem welcher Ruheplatz gehört, aber im großen und ganzen verhalten sich die Tiere freundlich zueinander, lecken einander oder dösen mit Körperkontakt. Kaum zu glauben, daß die gleichen Tiere draußen in ihren natürlichen Lebensräumen vollkommen intolerant gegenüber Artgenossen sind.

Offensichtlich hat das Einzelgängerleben bei Katzen dazu geführt, daß sie sich selbst genügen, auch wenn sie mit anderen zusammen sind. Ihnen fehlt das ausgeprägte

Streben der Hunde nach sozialem Aufstieg. Eine Eigenschaft, die wir vielleicht bei Mönchen in buddhistischen Klöstern antreffen, nur daß Katzen wahrscheinlich keinen Gott und keinen Kirchenfürsten über sich kennen. *Bert Brecht* sagte einmal über uns Menschen: «*Wir alle sehnen uns danach, freundlicher zu sein, als wir es sind.*» – Ich habe manchmal den Eindruck: Katzen tun das auch. Mit geeigneten menschlichen Partnern scheint ihnen das am besten zu gelingen. Diese können die freundlichen Seiten der Katze ansprechen, haben aber ansonsten so wenig Ähnlichkeiten in Aussehen und Verhalten mit ihr, daß sie Angriff und Abwehr kaum auszulösen vermögen.

Auffällig ist jedenfalls, daß Hauskatzen mit ihren menschlichen Kumpanen sehr viel geselliger und bezogener sind als mit Artgenossen. Was sie in jedem Falle beibehalten, ist ihre Eigenständigkeit und das Bedürfnis nach Sicherheit. Mit meinem Hund kann ich jederzeit alles machen. Er wird freudig darauf eingehen. Meine Katze nur dann, wenn ihr danach ist. Sie entscheidet, wann geschmust wird und wann es ihr zuviel wird. Beides kann der menschliche Betrachter erkennen. Katzen zeigen dies in der Regel sehr deutlich. Erst wenn wir ihre Signale mißachten, setzen sie die Krallen ein. So etwas würde sich ein Hund normalerweise nicht «erlauben». Unwissende halten Katzen daher für falsch, wollten sie ihr doch nur etwas Gutes tun, als sie sie *auf den Arm nahmen* oder tätschelten.

Wenn eine Katze sehr vertraut mit einer Person ist, kann es allerdings vorkommen, daß sie ohne Vorwarnung zuschlägt. Das tut sie auch Artgenossen gegenüber. *Paul Leyhausen* (*Katzen*, S. 203) vermutet, daß Katzen sozusagen davon ausgehen, daß die wohlbekannte Person weiß, wie weit sie gehen kann. Geht diese zu weit, hält sie es offenbar für unnötig zu warnen. Ein erstaunlich differenzierter Umgang mit Artgenossen – und was für ein Ausdruck von «Selbstsicherheit» auf der einen und «Akzeptanz» auf der anderen Seite; denn eine unangekündigt angegriffene Katze toleriert dies.

Alle Raubtiere sind wehrhaft und haben deshalb Verhaltensmuster entwickelt, mit denen gegenseitige Beschädigungen vermieden werden.

Kontakte mit Artgenossen, insbesondere mit fremden, haben immer eine Mischung aus Angriffs- und Verteidigungsbereitschaft zur Folge. Auch der schneidigste Rüde «weiß», daß er im Ernstfall schwere Verletzungen davontragen kann. Immer besteht die Möglichkeit, auf einen Kontrahenten zu treffen, der einem überlegen ist. Sogar ein Boxweltmeister muß irgendwann abtreten.

Was die Tiere bei solchen Konflikten empfinden, muß etwas sein, das unserer Angst entspricht. Angst ist für alle Lebewesen eine biologisch sinnvolle Emotion. Es gibt nur wenige Hunderassen, denen Menschen diese lebenserhaltende Angst weggezüchtet haben. Die Folgen lesen Sie immer wieder in den Zeitungen. In der Natur hatten solche Tiere offensichtlich keine Chance, sonst hätten sich dort immer aggressivere und angstfreiere Individuen durchgesetzt.

Katzen sind selbst dann mischmotiviert, wenn sie sich kleinen Objekten nähern, die sie nicht kennen. Schauen Sie nur mal einer Katze zu, die sich mit großer Neugier einerseits und ebenso ausgeprägter Fluchtbereitschaft andererseits vorsichtig einem Schmetterling oder einem beliebigen unbekannten Objekt annähert. Als Beobachter dieses Treibens bekommt man den Eindruck, die Katze ist regelrecht hin- und hergerissen. Neugier und Vorsicht (Angst) bestimmen den Ablauf. Da wird mit ganz «spitzen Fingern» ausführlich exploriert, gegebenenfalls blitzartig ausgewichen, bis die Katze das Objekt buchstäblich be*griffen* hat.

Auf diese Weise lernen Katzen eine Menge über die Objekte ihrer Umgebung.

Junge Säugetiere und Menschenkinder erschließen sich durch Neugier und Spiel ihre Welt. Hunde, Katzen und Menschen können das ein Leben lang beibehalten.

Katzen, die aus verschiedenen Richtungen auf einen gemeinsamen Punkt zugehen, warten lieber ab, bis die Reviernachbarin diesen Punkt passiert hat, als daß sie unverzagt auf eine mögliche Konfrontation zusteuern. Größe oder Stärke entscheiden nicht über den Vortritt, sondern die geringere Entfernung zu dem «berechneten» Treffpunkt. Nur im Zentrum des Reviers wird gekämpft. Meist gewinnt der Revierbesitzer. Das unterlegene Tier sucht sich woanders ein eigenes Revier.

Katzen regeln ihre sozialen Beziehungen also dadurch, daß sie individuelle Reviere in Anspruch nehmen. Diese werden von anderen Tieren in aller Regel toleriert. An den Grenzen gehen sich die Nachbarn aus dem Weg. Auch die Aufzucht der Jungen wird von der Mutter allein bewältigt.

Hunde und Menschen müssen in ihren Sozialverbänden wesentlich mehr tun, um Konkurrenz, Streitereien um Nahrung, Weibchen, sozialen Rang usw. zu regulieren. Sie leben in eindeutigen Rangordnungen. Jeder erlangt dort seinen festen Platz, weitere Aggressionen oder Expansionsbestrebungen machen keinen Sinn. Wer einmal unterlag, wird dies wahrscheinlich wieder tun. Die Verletzungsgefahr bei den Rangordnungskämpfen der Wölfe ist so groß, daß die Tiere «gut beraten» sind, deren Resultate zu akzeptieren. Zumal ranghohe Wölfe sich untereinander Beistand leisten. Auch in diesem Punkt sind Mensch und Hund durchaus «wesensverwandt».

Wo auch immer sich zwei Hunde gleichen Geschlechts begegnen, checken sie sich ab, prüfen, wer überlegen ist.

In aller Regel wird dies über Drohen und Imponieren entschieden. Auch diese Dinge sind dem Betrachter menschlicher Zusammenkünfte geläufig. Können beide gleich gut drohen und sind sie in etwa gleich stark, kann es auch bei Hunden zu «rüden» Kämpfen kommen. Ernsthafte Verletzungen sind dann nicht auszuschließen.

Die Sache ist ein für allemal geklärt, wenn einer von beiden aufgibt. Jeder nur einigermaßen normal sozialisierte, erbgesunde Hund wird so rechtzeitig aufgeben, daß er keinen Dauerschaden davonträgt. Das dominante Tier wird daraufhin seine Angriffe einstellen.

Wölfe wären längst ausgestorben, hätte die Evolution solche Sicherungen nicht tief in deren Erbgut verankert.

Das gilt für Menschen gleichermaßen. Deshalb leben auch wir in klaren Rangordnungen, die unsere Aggressivität und unser Dominanzstreben auf ein verträgliches Maß reduzieren. Hunde benötigen hierzu jedoch weder Rangabzeichen noch Statussymbole. Noch nie habe ich einen Hund im Hermelinpelz gesehen, obwohl so mancher Stammbaum von Rassehunden dies verständlich machen würde. Menschen benutzen auch ihre Hunde, um Ranghöhe zu demonstrieren.

Sowohl Revierbildung als auch Rangordnungen kanalisieren tierische Aggressivität und stellen sicher, daß alle überleben können.

Die Bereitschaft, sich unterzuordnen und gewisse Tatsachen anzuerkennen, ist eine wichtige Voraussetzung für eine einvernehmliche Beziehung auch zu uns Menschen. Das wiederum setzt die Fähigkeit voraus, andere individuell zu erkennen.

Pflanzenfresser können dies nicht. Sie leben in anonymen Verbänden. Dort genügt es zu wissen, wer gerade das Leittier ist. Aggressivität ist außerhalb der Brunftzeit eher hinderlich, Rangordnungen nicht nötig. Es wird gefressen, was einem vors Maul kommt. In solchen Herden gibt es keine persönlichen Bereiche, weder Erzfeinde noch Freunde, höchstens einen Harem. Damit will ich keineswegs bestreiten, daß ein Pferd seinen Besitzer individuell erkennt oder (früher) eine Kuh ihren Melker.

Fest steht, daß das persönliche Erkennen und Sich-Beziehen auf Sozialpartner nicht zu den Stärken der Pflanzenfresser gehört, sehr wohl aber zu den Fähigkeiten unserer Haustiere.

Ohne die Fähigkeit des persönlichen Erkennens wäre es nicht zu diesen engen Bindungen mit uns gekommen, in denen sogar Eigenschaften und Merkmale wechselseitig übernommen werden. Sie kennen vielleicht die verbreitete Behauptung, daß Herr und Hund mit zunehmendem Alter sich immer ähnlicher werden. Bei Katzen und ihren Besitzern kann man es nicht unbedingt schon am Gesichtsausdruck erkennen.

Hunde und Katzen wachsen von Anfang an mit diesen großen Zweibeinern auf.

Wir nähren und schützen sie wie ihre natürlichen Eltern. Gut möglich, daß sie uns als solche betrachten.

Verhaltensforscher nennen das **Prägung**. Jedenfalls verhalten sie sich uns gegenüber nicht anders als zu ihren Müttern bzw. Rudelmitgliedern. Hier wie dort haben sie keine andere Wahl, als die Dominanz der Erwachsenen anzuerkennen. Das stellen ihre angeborenen Programme bereits sicher. Katzen schaffen das sogar, ohne sich uns unterzuordnen.

Von Natur aus haben Katzen und Hunde besondere Talente, uns aufmerksam zu beobachten, sich auf unsere ganz persönlichen Eigenarten einzustellen *und* sich diese zunutze zu machen.

Im Gegensatz zu den meisten Menschenkindern bleiben sie ein Leben lang *reine* Egoisten. Sie kommen nicht

umhin, diese Welt aus ihren Augen, aus ihrer Bedürfnislage heraus zu sehen.

Es fehlen ihnen eben ein paar spezifisch menschliche Fähigkeiten, wie beispielsweise die Selbstreflexion, das Wissen um die eigene Existenz (Ich-Begriff). Deshalb reagieren sie auch nicht auf ihr eigenes Spiegelbild, wie wir es tun. Sie erkennen nicht, daß sie es selbst sind. Unerfahrene Tiere erschrecken sich oder suchen den Artgenossen hinter dem Spiegel. Meistens lernen sie irgendwann, das eigene Spiegelbild zu ignorieren, vielleicht nach dem Motto «Veralbern kann ich mich selber.»?

Zusammenfassend kann man feststellen: Waren die Katzen uns in ihrer Sinnesausstattung ähnlicher als Hunde, so ist es bei den artspezifischen Verhaltensmustern umgekehrt. Lassen sich bei Hund und Mensch eine Menge handfester Übereinstimmungen im «Wesen» finden, erinnern Katzen eher an einzelgängerische, introvertierte Zeitgenossen, denen nur unter besonderen Bedingungen danach ist, gesellig zu sein. Man liebt sie so, wie sie sind, oder eben nicht. Sie leben nicht in festen Rangordnungen und haben bei weitem nicht das Repertoire an Ausdrucksverhalten wie Hunde. Gleichwohl können sie damit eine Menge ausdrücken. Katzenliebhaber sagen: alles. Außerdem verfügen sie über eine erstaunliche Toleranz gegenüber Artgenossen, die sie auch auf uns übertragen.

Natürlich haben Katzen genau wie Hunde Bedürfnisse, die wir ihnen erfüllen. Wir geben ihnen Schutz und Nahrung, wir streicheln sie, spielen mit ihnen. Katzen dürfen auf unseren Schoß, Hunde nur, wenn sie klein genug sind. Manche suchen sogar zum Schlafen die Nähe ihrer Besitzer. Meist lassen wir sie sogar in Ruhe, wenn sie einfach nur dösen wollen.

Menschen können für beide Arten ideale Kumpane sein.

Was Hund und Katze letztendlich von der Beziehung zu uns haben, unterscheidet sich bei näherer Betrachtung höchstens in der Intensität, im Tempo, in der Lautstärke und in dem Ausmaß, in dem sich der eine Beziehungspartner dem anderen unterordnet. Beide Arten «lassen» sich von uns essentielle Bedürfnisse befriedigen. Was sie uns dafür zurückgeben ist ihre «natürliche», fast möchte man sagen «ehrliche» Art.

Die Wesensunterschiede, die wir zwischen Katze und Hund beobachten können, finden wir bei Menschen auch. Das Spektrum reicht vom lauthals palavernden Partylöwen bis zum versponnenen Einzelgänger, dessen liebenswürdige Seiten man sich mühsam erschließen muß. «Auf jeden Pott paßt ein Deckel.»

Die Welt von Katze und Hund

Daß wir in die Köpfe unserer Haustiere nicht hineinschauen können, ist eine Binsenweisheit. Das besagt aber nicht, daß dort nichts passiert. Ich möchte einmal an dieser Stelle ein paar Spekulationen darüber anstellen, wie sie denn aussehen könnte: Die Welt mit den Augen unserer Hausgenossen. Dabei bediene ich mich eines intellektuellen Manövers, das in den Humanwissenschaften breite Anwendung gefunden hat, dem **Analogieschluß**.

Beim Analogieschluß wird einfach unterstellt, daß bei einem gegebenen Reiz oder Verhalten ein anderes Individuum ähnlich empfindet wie ich. Sagt ein Mensch z. B. «Aua!», gehe ich davon aus, daß er ähnliche Gefühle hat wie ich, wenn ich «Aua!» sage. Sehe ich zwei Menschen lauthals lachen, darf ich mit Recht davon ausgehen, daß beide vergleichbares erleben; beweisen kann man das nicht.

Unser Rechtssystem, unsere Moral und Philosophie sind ohne diese Grundannahme nicht vorstellbar.

Als Zoologe kann ich nicht einsehen, warum wir bei Tieren, die uns relativ nahestehen, nicht annehmen dürfen, daß es zumindest auf einigen Ebenen des Erlebens Analogien geben soll. Schließlich bedeutet das Wort «analog» «entsprechend, ähnlich» – nicht identisch. Was die Physiologie und das Verhalten betrifft, gibt es zahlreiche Übereinstimmungen zwischen Tieren und Menschen, auch bezüglich der Gehirne.

Es gibt Berichte, in denen man uns weismachen will, daß unsere vierbeinigen Freunde uns geistig ebenbürtig sind. Da werden intellektuelle Leistungen bei Tieren beschrieben, die nichts weiter sind als ein eindrucksvolles Zeugnis menschlicher Phantasie. Es handelt sich dabei genauso um Extrempositionen wie bei jenen Juristen und Politikern, die Tiere als seelenlose Sachen ansehen. Selbst nach der letzten Novellierung des Tierschutzgesetzes von 1986 wird überwiegend noch so verfahren, als seien Tiere Sachen. Im Gegensatz zu den Vertretern dieser Extrempositionen möchte ich den Tieren gerecht werden. Dazu gehe ich erst einmal von sicherem Grund aus, nämlich von dem umfangreichen Wissen, das Zoologen seit Jahrzehnten zum Thema – Was können die Tiere, was leistet ihr Gehirn? – zusammengetragen haben. Sicher ist der Argumentationsboden deshalb, weil wir uns dabei ausschließlich auf beobachtbares Verhalten und nachgewiesenes Wissen über die Physiologie von Tieren beschränken.

Etwas anderes ist es, daraus auf Erlebnis-, Gefühls- oder Bewußtseinsprozesse (analog) zu schließen. Diese entziehen sich nämlich prinzipiell der direkten Beobachtung.

Es gibt kein Meßinstrument, mit dem wir in der Lage wären zu erfassen, *was* ein Tier oder Mensch denkt oder fühlt. Wir können lediglich erfassen, *daß* innere Prozesse bei einem Menschen bzw. einem Tier ablaufen.

Bei der Erforschung von Gefühlen tun sich selbst Humanwissenschaftler schwer. Einige beschränken sich sogar darauf, sie lediglich in «Plus-» und «Minus-Gefühle» einzuteilen. Nun gibt es einen Teil des Gehirns, das limbische System, dem Hirnforscher die emotionale «Einfärbung» der Wahrnehmungen zuschreiben. Dort werden sozusagen die Gefühle gemacht. Unsere Hausfreunde besitzen diese Struktur ebenfalls, und sie funktioniert bei ihnen genauso wie bei uns. Man kann die Aktivität dieses Hirngebietes in Form von Hirnstrommustern messen. Bestimmte äußere Reizsituationen lösen bei Tier und Mensch gleichermaßen spezifische Aktivitätsmuster im limbischen System aus. Bei bekannten Artgenossen sind sie anders als bei unbekannten. Bei sexuellen Reizen anders als bei neutralen.

Wenn also vergleichbare Außenreize in ähnlichen Hirngebieten zu ähnlichen Aktivitätsmustern führen und mit ähnlichen physiologischen Veränderungen (Blutdruck, Herzfrequenz, Hormonausschüttung, Muskeltonus usw.) einhergehen, so sehe ich darin ein Indiz dafür, daß auch die Empfindungen ähnlich sein könnten.

Stellen Sie sich einmal vor, Sie entdecken ein unbekanntes Lebewesen, an dem Sie ein Organ finden, das wie ein Auge aussieht. Ein kritischer Beobachter würde daraus noch nicht unbedingt schließen, daß das Tier sehen kann. Eine genauere Untersuchung ergibt, daß dieses Organ exakt den gleichen Aufbau aufweist wie ein menschliches Auge. Unter dem Mikroskop werden die gleichen Sinneszellen erkennbar, wie man sie aus dem Säugetierauge kennt. Auch der Sehnerv verläuft wie beim Säugetier in die entsprechenden Hirnzentren.

Die Annahme, daß dieses unbekannte Lebewesen sehen kann, halten Sie jetzt für berechtigt. Ein Test, bei dem das Tier auf einen optischen Reiz – eine Lichtquelle z. B. – so reagiert, daß es ihn – Ihrer Meinung nach – gesehen haben muß, bestätigt Ihre Annahme. Nun kommen die richtigen Experten und sagen: «Das ist noch kein Beweis. Sie können nicht ausschließen, daß dieses Lebewesen auf die Wärme reagiert hat, die von der Lichtquelle ausstrahlt. Möglich ist auch, daß es Geräusche von Ihrer Apparatur wahrgenommen hat, die Sie nicht hören können?»

Nun, möglich ist vieles. Ein weiteres Indiz dafür, daß Tiere Gefühle haben, sehe ich in den Ergebnissen der zahllosen Experimente, die mit ihnen durchgeführt wurden. Versuchstiere, die beispielsweise psychischem Streß ausgesetzt wurden, sehen nicht nur entsprechend aus, sie zeigen die gleichen körperlichen Veränderungen wie Menschen, bis hin zu manifesten Erkrankungen ganz bestimmter Organe. Psychischen Streß erzeugen die Wissenschaftler dadurch, daß sie Versuchstiere etwa mit einem Freßfeind konfrontieren, ohne daß das Tier die Möglichkeit hat, sich entziehen zu können, oder sie setzen sie lauten Dauergeräuschen aus. Was daraufhin in den Tieren passiert, scheuen sich Wissenschaftler nicht psychischen Streß zu nennen. Wie sagt man doch in unerträglichen Situationen: «Das hält doch kein Schwein aus.»

Aus den vorhandenen verhaltensbiologischen Befunden läßt sich jedenfalls ableiten, daß tierische Verhaltensweisen hochdifferenzierte innere Voraussetzungen erfordern. Da müssen bestimmte Informationen detailliert aufgenommen und sinnvoll verarbeitet worden sein.

Tiere funktionieren nicht wie Roboter, bei denen ein Knopfdruck (äußerer Reiz) ein Programm (angeborenes Verhalten) aufruft, das dann automatisch abläuft. Solche Vorstellungen gehören längst vergangenen vorwissenschaftlichen Zeiten an.

Derartige Programme (Instinkthandlungen) sind bei unseren Hausgenossen vorhanden, bilden jedoch lediglich das Grundrepertoire, das ständig den Erfordernissen der jeweiligen Situation angepaßt wird. Dabei kombiniert das Tier unterschiedliche Programmteile mit Lernerfahrungen zu einem paßgenauen Verhalten, welches sich an den situativen Gegebenheiten orientiert.

Jeder Tierbesitzer erkennt sofort, ob ein Hund oder eine Katze jung und unerfahren oder älter und erfahren ist. Erfahrungen erhalten ihre Bedeutung dadurch, daß sie angenehm (plus) oder unangenehm (minus) sind, also durch Gefühle. Das Wort «Emotion» trägt diesem Sachverhalt sehr viel genauer Rechnung. Es beinhaltet das aus dem Lateinischen stammende Wort motion – Bewegung. Emotion wird im Deutschen als Beweggrund verstanden. Offensichtlich haben Tiere eine Menge davon.

Unsere Ronja hat Angst vor Kühen. Beweisen kann ich das nicht. Aber ich kann sehen, wie sie mit eingeklemmtem Schwanz und angelegten Ohren Hunderte von Metern vor den Kühen davonrennt. Und ich muß manchmal minutenlang warten, bis sie sich «traut», zu mir zu kommen, obwohl ich mich inzwischen weit von den Rindviechern entfernt habe.
Was treibt den Hund zu so einem Verhalten? Wie auch immer wir das nennen wollen, der Hund muß einen mächtigen Beweggrund haben. Er muß etwas Negatives «erwarten», etwas, das ihn treibt, kopflos zu fliehen. Ronja nimmt dabei sogar das Risiko «in Kauf», mich zu verlieren.

Was Menschen zu vergleichbarem Verhalten antreiben würde, wäre ein drängendes Gefühl wie Angst. Angst davor, überrannt zu werden, Angst vor körperlichen Schmerzen usw. Ob das in diesem Beispiel nun begründet ist oder nicht, der biologische Sinn der Angst liegt darin, das Überleben sicherzustellen.

Ich kann mir nicht vorstellen, daß die Natur bei Tieren auf etwas so Wirkungsvolles verzichtet, zumal die dazu erforderlichen Hirnstrukturen bei Tieren genauso vorhanden sind wie bei uns. Außerdem stammen wir von Tieren ab, teilen mit ihnen viele Millionen Jahre stammesgeschichtlicher Entwicklung. Ein Mensch, der vor nichts Angst hätte, würde nicht lange leben – ein Tier auch nicht.

Können Tiere denken?

Daß Tiere lernen können ist unumstritten. Aus eigener Anschauung oder aus dem Fernsehen sind Ihnen sicherlich tierische Dressurerfolge geläufig. Weniger verbreitet ist das Wissen, daß höhere Wirbeltiere alle Lernformen anwenden, die auch von Menschen bekannt sind.

Da ist zunächst das **Lernen aus den Konsequenzen**. Auch bezeichnet als Lernen durch Versuch und Irrtum, Lernen am Erfolg oder operantes Konditionieren. Diese Lernform ist für unsere Haustiere sicherlich die wichtigste. Auf diese Weise lernen sie, was sie dürfen und was nicht, wann und wo es Nahrung gibt, wann wir geneigt sind, uns mit ihnen zu beschäftigen, und wann es besser ist, sich zu entfernen.

Alle Dressuren arbeiten mit Belohnung und Bestrafung. Anders ausgedrückt: mit positiven oder negativen Konsequenzen. Das Wort Konsequenzen bedeutet nichts anderes, als daß das Tier etwas erlebt, nämlich bestimmte Gefühle. Und behalten muß es den Zusammenhang ebenfalls, damit es sich in Zukunft «richtig» verhalten kann. Normalerweise fällt es uns leicht, den belohnenden oder bestrafenden Charakter unserer Maßnahmen nachzuempfinden. Wie Sie sehen, setzt unser praktisches Vorgehen bei der Dressur innere Prozesse im Tier voraus, die den unseren ähneln. Unsere Sprache spiegelt diesen Sachverhalt wider. Die Wissenschaft macht da keine Ausnahme, sie bemüht sich lediglich um eine etwas sachlichere Ausdrucksweise. Begriffe wie *Demuts-, Aggressions-, Komfort-, Imponier-, Neugier-* oder *Spiel*verhalten werden in jedem Lehrbuch der Verhaltensforschung benutzt. Sie implizieren differenzierte Erlebnisprozesse.

Übrigens, je besser der Tierausbilder, desto häufiger setzt er belohnende Reize ein. Ein Dompteur kann es sich einfach nicht leisten, einem Tiger mit Peitschenhieben beibringen zu wollen, durch einen brennenden Reif zu springen.

Es ist schlicht unmöglich, einem Tier mit Strafreizen ein neues Verhalten beizubringen. Bestrafung führt im günstigsten Falle dazu, daß ein Tier etwas unterläßt.

Die höchste Lernform ist das **Modell- oder Nachahmungslernen**. Hierbei schaut man sich Fertigkeiten einfach ab. Das erwünschte Verhalten wird imitiert, nachdem man es bei einem anderen Individuum gesehen hat. Das setzt voraus, daß man durch bloße Beobachtung erkennt, daß das Verhalten des anderen auch für einen selber erfolgreich sein wird. Der belohnende Charakter wird sozusagen stellvertretend wahrgenommen.

Diese Form des Lernens setzt ein äußerst leistungsfähiges Gehirn voraus. Bei unseren Haustieren kommt sie zwar vor, hat aber lange nicht die Bedeutung wie bei uns Menschen. Ein altes Sprichwort verrät uns, daß offensichtlich nicht jeder Mensch dazu fähig sein soll, es lautet: «Ein Weiser wird durch fremden Schaden klug, ein Narr kaum durch seinen eigenen.» Sicher erheblich übertrieben zu behaupten, daß man zur Nachahmung weise sein muß; wir alle können es und tun es, oftmals allerdings eher unbewußt.

Tiere können zählen

Bevor ich die Frage «Können Tiere denken?» beantworte, möchte ich Ihnen noch einige «intellektuelle» Höchstleistungen, derer Tiere fähig sind, referieren. Wußten Sie z. B., daß Tiere zählen können? Man kann dies beweisen, indem man sie auf Anzeigetafeln dressiert, auf denen eine unterschiedliche Anzahl von Punkten zu sehen ist. Haben sie es gelernt, reagieren sie nur noch auf die richtige Anzahl. Bestimmte Papageienarten können **auf diese vorbegriffliche Weise bis acht zählen**. Mehr schaffen Menschen ohne die Verwendung von Zahlbegriffen auch nicht. Bietet man Versuchspersonen Karten mit Punkten oder Tönen dar, ohne daß sie diese abzählen können, kommen sie nicht über acht hinaus.

Papageien können sogar auf Anhieb vom visuellen, also z. B. von einer Anzeigetafel mit acht Punkten, auf ein Signal mit acht Tönen übertragen. Sie zeigen ein spezielles Verhalten dann und nur dann, wenn sie acht Klopfzeichen *oder* eine optische Anzeige mit acht Punkten geboten kriegen.

Tiere können abstrakt denken

An Katzen hat man herausgefunden, daß sie das Begriffspaar «gleich – ungleich» erlernen können. Die Forscher haben ihre Versuchstiere mit Anzeigetafeln konfrontiert, die entweder gleiche oder ungleiche Muster aufwiesen. Die Katzen lernten zwischen zwei gleichen und zwei ungleichen Punkten zu unterscheiden. Das Gelernte konnten sie anschließend spontan auf Sternchen, Dreiecke und andere Muster übertragen, d. h., sie sind in der Lage zu verallgemeinern. Bei Menschen würde man das induktives Denken nennen.

Daß Katzen zwischen Ratten und Mäusen unterscheiden können, wundert niemanden. Schließlich sind Ratten vergleichsweise gefährliche Beutetiere. Was allerdings erstaunlich ist, ist, daß Katzenmütter ihren Jungen «ankündigen», ob sie eine gefährliche Beute anbringen oder eine harmlose. Bringt die Mutter eine lebende Ratte, ruft sie anders, als wenn es sich um eine Maus handelt. Die Jungen verstehen die Ankündigung und verhalten sich entsprechend der Botschaft vorsichtig oder arglos. *Paul Leyhausen* spricht in diesem Zusammenhang vom «Ratten-» bzw. «Mäuseruf» (*Katzen*, S. 245).

Was die Hauskatze mit dieser differenzierten stimmlichen Kommunikation tut, kann man getrost **Begriffsbildung** nennen. Unter Ethologen herrscht uneingeschränkte Einigkeit darüber, daß viele höhere Tierformen, in den verschiedensten Zusammenhängen, die Fähigkeit zur **Abstraktion** besitzen.

Tiere können planen

Wenn Sie eine Katze beobachten, die «beabsichtigt», von einem Punkt A zu einem Ziel B zu gelangen, können Sie bemerken, wie sie mit ihren Augen mehrere mögliche Wege «abtastet», bevor sie sich für eine Alternative «entscheidet». Als ob sie sich im Geiste einen Plan zurechtlegt. Erst dann rennt oder springt sie los. Das sieht aus wie **vorausschauendes Denken**, wie wir es tun, wenn wir nicht sicher sind, welchen Weg wir zu einem angestrebten Ziel einschlagen sollen. In unserer Vorstellung gehen wir die Wege durch und entscheiden uns dann für denjenigen, der uns am geeignetsten erscheint.

Kann Ihr Hund, kann Ihre Katze nun denken oder nicht?

Ja, selbstverständlich können die das. Die eben beschriebenen Forschungsergebnisse setzen Denkprozesse genauso voraus wie das, was Sie als aufmerksamer Beobachter an Ihren Haustieren beobachten. Das Wort «denken» bezeichnet all jene Hirnvorgänge, die über die bloße Wahrnehmung hinausgehen. Nicht mehr und nicht weniger. Das reicht von simplen Gedanken über die richtige Wegwahl bis zur geistigen Auseinandersetzung mit philosophischen oder physikalischen Grenzfragen. Ich möchte die faszinierenden Fragen nach der Leistungsfähigkeit tierischer Gehirne hier nicht weiter vertiefen, es würde schnell allzu wissenschaftlich werden.

Erlauben Sie mir zum Abschluß noch ein paar Gedanken zu der Frage, *wie* Tiere denken, was da in ihren Gehirnen ablaufen mag? Haben Sie sich schon einmal klargemacht, was in Ihrem Kopf passiert, wenn Sie denken? Aus meiner therapeutischen Arbeit weiß ich, welcher Kunstfertigkeit es manchmal bedarf, jemandem bewußt zu machen, *wie* er denkt.

Viele Menschen bekommen nur die Ergebnisse ihrer Denkprozesse mit. Sie sagen dann z. B.: «Ich denke, wir sollten Menü A bestellen. Was meinst du, Schatz?» Der Person in unserem Beispiel wird möglicherweise nicht bewußt, daß beim Lesen der Speisekarte die Gerichte in Form von Bildern oder kleinen Videoclips vor ihrem «inneren Auge» aufleuchteten, daß der Geruch und Geschmack der Speisen für einen Moment – sozusagen probehalber – in der Phantasie erlebt wurde und daß sich daraufhin jenes angenehme Gefühl, richtig gewählt zu haben, eingestellt hat.

Ich glaube nicht, daß Tiergehirne da grundsätzlich anders funktionieren. Dort werden ebenfalls Vorstellungen auf «inneren Bildschirmen» ablaufen, die den sinnlichen Wahrnehmungen und Erfahrungen des Tieres entsprechen. Naturwissenschaftlich beweisen läßt sich das nicht, wie so vieles andere. Ohne solche inneren Prozesse sind die beschriebenen Leistungen unserer Hausgenossen aber nicht möglich.

Haben Tiere ein Bewußtsein?

Ich habe mir die Mühe gemacht, in einigen Fachwörterbüchern nachzuschlagen, wie dort der Begriff «Bewußtsein» definiert wird. Ich rate Ihnen, tun Sie das nicht, mein Bewußtsein wäre mir dabei beinahe abhanden gekommen. Einfach und trotzdem präzise kann man sagen: Ihr Bewußtsein ist das, was Ihnen im Moment bewußt ist, was Sie gerade bemerken. Es ist wie ein Bildschirm, der ein bestimmtes Programm zeigt. Was da hinter diesem Bildschirm an Technik und an zusätzlichen Programmen vorhanden ist, erscheint erst dann auf dem Bildschirm, wenn Sie es einschalten. Da ist viel möglich. So kann ich diverse Fernsehkanäle einstellen und eine beliebig große Anzahl von Videoaufzeichnungen abspielen. Man kann zwar in schneller Folge zwischen den Programmen hin und her wechseln, auf dem Bildschirm erscheint stets nur eines zur Zeit.

Nun gibt es Autoren, die den Begriff «Bewußtsein» ohne weitere Begründung als umfassenden Ausdruck spezifisch menschlichen Erlebens auffassen und ihn damit Tieren rundwegs absprechen. Bei allem Respekt vor den geistigen Leistungen, zu denen Menschen fähig sind, sehe ich keinen Sinn darin, den Begriff «Bewußtsein» derartig mit Bedeutung zu überfrachten. Halten doch einige meiner therapeutischen Lehrmeister das Bewußtsein für eher unbedeutend, ähnlich wie ein (zufällig) gerade eingeschaltetes Fernsehprogramm, das unsere Aufmerksamkeit findet. Der Bildschirm zeigt nur einen winzigen Ausschnitt dessen, was an Informationen auf ihm abgebildet werden kann, zumal wenn wir Videorecorder und Computer mit einbeziehen.

Man kann sein Bewußtsein auch verlieren. Ein schlafender oder narkotisierter Mensch ist bewußtlos. Sein innerer Bildschirm ist abgeschaltet. Beim Erwachen erlangt er sein Bewußtsein mehr oder weniger schnell zurück. Also hat Bewußtsein etwas mit *Wach-Sein* zu tun. Ich möchte keinem höheren Wirbeltier unterstellen, daß es nicht sehr *wach sein* kann.

Es muß bei unseren vierbeinigen Hausfreunden so etwas wie einen inneren Bildschirm geben, auf dem Gedächtnisinhalte repräsentiert werden, Dinge verglichen, verknüpft und entschieden werden. All das können sie ja. Wie sonst sollen Gedächtnisvorgänge, die beim Lernen eine entscheidende Voraussetzung sind, möglich sein. Das Tier stellt die entsprechenden Inhalte ja nicht nach. Die spielen sich in seinem Kopf ab. Am Verhalten erkennen wir, daß das Tier sich erinnert haben muß. Also, ich plädiere dafür, daß Tiere sowohl denken können als auch über ein Bewußtsein verfügen. Wie das im einzelnen abläuft, welche Qualitäten ihre inneren Erlebnisse haben, das weiß ich nicht. Sicher bin ich mir dagegen, daß wir Menschen ihnen da in vielen Punkten überlegen sind, sehen wir einmal von der Tonspur ihrer inneren Filme und vor allem von der Geruchsspur der Hunde ab.

Haben Tiere einen Willen?

«Wollen» hat immer etwas mit **Motivation** zu tun. Wenn ich etwas (Bestimmtes) will, habe ich ein Ziel. Habe ich Glück, kenne ich einen Weg, der es mir erlaubt, dieses begehrte Ziel tatsächlich zu erreichen. Das Wort «Motivation» wird in der Verhaltensforschung oft verwandt. Von «Wille» ist da nirgends die Rede. Auch dieser Begriff scheint früh in der Entwicklung der Wissenschaften für die Beschreibung menschlicher Phänomene reserviert worden zu sein. Schaut man sich moderne Definitionen an, fragt man sich, was das soll.

Natürlich haben Tiere Motive, manchmal auch verschiedene zur gleichen Zeit, und sie haben Mittel und

Wege, oftmals gleich mehrere, um ihre Ziele zu erreichen. In anderen Worten: Selbstverständlich *wollen* Tiere fressen, wenn sie Hunger haben, keine Frage, was ein Rüde *will*, wittert er eine läufige Hündin. Einer Katze, die einen Vogel anvisiert hat, sieht man die Erregung schon an der Schwanzspitze an. Trotzdem «überlegt» sie sich genau, wie sie am besten an ihre Beute herankommt; sie läuft nicht einfach impulsiv drauflos.

Je nach den Gegebenheiten «entscheiden» sich Tiere für ein Ziel oder für einen bestimmten Weg. Ich glaube nicht, daß es Zufall ist, ob meine Katze oder mein Hund sich an mich kuscheln oder sich an einem entfernten Ruheplatz niederlassen. Welcher Tierhalter kennt nicht aus eigener Erfahrung Beispiele, in denen das Tier gegen Herrchens Willen und gegen alle Erziehungsbemühungen seinen Willen durchgesetzt hätte.

Mir fällt da mein Hund ein, der genau wußte, daß er im Auto nicht auf den Sitzen liegen durfte; sobald ich verschwunden war, jedoch genau dort Platz nahm, weil es dort gut roch oder warum auch immer. Bemerkte er mein Kommen, verließ er diesen Platz und legte sich an die ihm zugewiesene Stelle. Da war nichts zu machen. Inzwischen habe ich ein Gitter angeschafft, das verhindert, daß Ronja vom Koffer- in den Fahrgastraum wechseln kann.

Meiner Katze Miezi war nicht abzugewöhnen, an bestimmten Stellen in der Wohnung ihre Krallen zu wetzen. Schon seit Jahren läßt sie sich dabei noch nicht einmal mehr erwischen. Wir werden wohl mit den häßlichen Löchern im Teppich leben müssen.

Mit dem Begriff «Wille» ist es wie mit dem Bewußtseinsbegriff: Wenn man sie von gewissen irrationalen, manchmal mystischen Bedeutungsinhalten befreit, kann man sie sowohl präziser als auch umfassender verwenden. Naiv wäre die Vorstellung, dadurch die Einzigartigkeit menschlichen Seins herabgesetzt zu sehen. So wie im 17. Jahrhundert die Kirche nicht zulassen wollte, daß die Menschheit durch die Entdeckungen des Galileo Galilei aus dem Zentrum des Universums «gerissen» wurde, und eher an dessen Rand geriet. Behauptete dieser «Ketzer» doch, daß sich die Erde gar um die Sonne drehen solle. Erst vor wenigen Jahren ist Galileo Galilei, der damals für seine Erkenntnisse sterben mußte, von der offiziellen römischen Kirche rehabilitiert worden! So lange sollten wir unsere Tiere nicht warten lassen, bis wir ihnen gewisse Fähigkeiten und Erlebnisweisen zugestehen.

Tierbesitzer kennen ohnehin die Auswirkungen tierischen Wollens; nicht immer ist es Dummheit, wenn Katze oder Hund nicht so wollen wie ihre menschlichen Partner.

Haben Tiere Intelligenz?

Als Student der Psychologie habe ich sehr früh eine ziemlich kritische Definition dieses Begriffes lernen müssen. Es handelte sich um eine sogenannte operationale Definition, die sich größtmöglicher Objektivität bemühte. Sie lautet: Intelligenz ist das, was mein Test mißt. Intelligenz hat für mich immer etwas mit Lernen zu tun und mit der Fähigkeit, in unbekannten Situationen angemessen reagieren zu können.

Zugegebenermaßen ist es nicht immer leicht zu erkennen, was für das Tier gerade angemessen ist. Die Intelligenzforscher machen es sich einfach, indem sie festlegen, was aus ihrer Sicht intelligent ist. Bei der Beurteilung tierischer Intelligenz müssen wir deren Andersartigkeit berücksichtigen. Für meinen Hund mag es eine kluge Entscheidung darstellen, hin und wieder seine Darmflora durch die Aufnahme von Pferdeäpfeln aufzufrischen, – ich muß das nicht wirklich nachvollziehen können.

Nun unterliegt es keinem Zweifel, daß Tiere bestimmte Aufgaben, die sich menschlicher Geist für sie ausgedacht hat, zu lösen vermögen. Auch können sie aus Erfahrungen lernen und dieses Wissen auf neue Situationen übertragen. **Somit erfüllen sie alle Kriterien des Intelligenzbegriffes.** Wie intelligent sie sind, ob nun der Hund klüger als die Katze ist, oder ob es doch der Fuchs ist, der die höchste Intelligenz vorzuweisen hat, das sind Fragen, mit denen selbst die intelligentesten Vertreter unserer Art überfordert sind. Gleichwohl werden des öfteren Meinungen hierzu abgegeben.

So gelten Hunde als gelehriger als Katzen. Bestimmte Hunderassen haben den Ruf, schlauer zu sein als andere. Pudel, Schäferhunde oder Labradors lassen sich in der Tat leichter dressieren als Dackel oder Terrier. Sind sie deshalb intelligenter? Oder haben Dackel und andere Rassen, die seit Jahrhunderten auf die selbständige Durchführung bestimmter Aufgaben gezüchtet wurden, eben nur mehr Charakter? Sind Katzen dumm, weil sie sich noch viel weniger dressieren lassen, oder nutzen sie ihre Intelligenz dazu, sich ihre Eigenständigkeit zu erhalten? Es gibt Katzenbesitzer, die fragen sich insgeheim, wer hier eigentlich wen dressiert.

Katzen bringen es fertig, so lange in «Hungerstreik» zu treten, bis Herrchen oder Frauchen das richtige Fressen aufgetrieben hat. Dabei schaffen sie es sogar, daß ihre Besitzer nicht etwa ärgerlich werden, sondern glücklich und erleichtert sind, endlich das Richtige gefunden zu haben. Das gleiche kann sich wiederholen bei der Auswahl geeigneten Spielzeugs. Auch hier «entscheidet» die Katze darüber, was geeignet ist. Zuweilen bringen ihre menschlichen Sozialpartner all ihre Kreativität auf, bis sie das Spielzeug gefunden haben, das die Katze zufriedenstellt. Bei der Auswahl von Schlafplätzen oder Toilettenartikeln kann sich ähnliches abspielen.

Nun glauben Sie bitte nicht, daß ich denke, Katzen würden all das planen oder bewußt herbeiführen. Ein bezüglich Mensch und Haustier naiver Beobachter, etwa ein Außerirdischer, der sich solche Mensch-Tier-Paare eine Weile lang ansehen würde, könnte jedoch durchaus zu dem Eindruck kommen, daß die Vierbeiner den Zweibeinern in vielen Punkten überlegen sind:

Die hasten morgens nicht zur Arbeit. Wann immer man nach ihnen schaut, sieht man sie gemütlich herumliegen, oder sie amüsieren sich im Freien, wie es ihnen gerade gefällt. Jagen tun sie nur zu ihrem Vergnügen. Die Beute essen sie nicht einmal. Ein Zweibeiner würde dafür hart bestraft werden. Kommen diese nach getaner Arbeit gestreßt oder erschöpft nach Hause, lassen sich die kleinen Lebenskünstler in sauberen Schälchen ihr Lieblingsfutter servieren und ernten noch zufriedene Blicke dafür.

Überhaupt sieht es so aus, als ob die Zweibeiner nur dazu da sind, die Tiere zu verwöhnen. Jedenfalls erfüllen sie ihnen alle erkennbaren Bedürfnisse. Umgekehrt kann unser Außerirdischer nicht erkennen, daß die Vierbeiner auf bestimmte Wünsche eingehen, die ihre großen Diener in auffallend energischer Tonart immer wieder vergeblich äußern.

Einige müssen sich von ihnen sogar kratzen oder beißen lassen. Die meisten glauben dann auch noch, sie hätten einen Fehler begangen; denn sonst hätte ihre Katze, ihr Hund das ja wohl nicht getan! Möglicherweise hält ein solcher Beobachter es für Magie, zu was diese kleinen Wesen in der Lage sind.

Ganz erstaunlich finde ich die Leistungen unserer Haustiere, wenn es darum geht zu erspüren, in welcher Laune ihre menschlichen Sozialpartner sind. Kleinste Veränderungen im Gesichtsausdruck oder in der Körperhaltung deuten sie richtig. In diesem Punkt scheinen sie intelligenter zu sein als wir.

Und wer weiß, vielleicht gibt es im Tierreich Intelligenzfaktoren, die wir Menschen einfach nicht bemerken, weil uns dafür entweder die sinnlichen Voraussetzungen fehlen, oder weil niemand die richtigen Fragen gestellt hat.

Sie sehen, die Beantwortung der hier aufgeworfenen Fragen hängt sehr vom Standpunkt des Betrachters ab. Wie der die Welt sieht, entscheidet darüber, ob er ein Verhalten dumm oder intelligent findet. Was man sicherlich dazu sagen kann, ist, daß Tiere Intelligenz besitzen. Mit den Möglichkeiten, die unser menschliches Gehirn uns eröffnet, können sie niemals mithalten. Unsere Wortsprache, unsere Gabe, vorausschauend zu planen, in Symbolen und Begriffen zu denken, die Fähigkeit, Gelerntes weiterzugeben, sind nur einige Punkte, die unsere Überlegenheit begründen. Seine Entsprechung finden diese Unterschiede in dem wesentlich komplexeren Aufbau des menschlichen Großhirns.

Dennoch waren die Tiere intelligent genug, viele Millionen Jahre auf dieser Erde zu überleben und sich fortzuentwickeln bis hin zu dieser jüngsten «Kreation» der Evolution, dem Menschen. Wir müssen erst noch beweisen, ob wir intelligent genug sind, so lange zu überleben *und* diese Erde zu erhalten.

Haben Tiere eine Moral?

Bei der Moral handelt es sich um diejenigen Werte und Normen, die ein Mensch während seiner Sozialisierung vermittelt bekommt. Welche das sind, hängt sehr von der Kultur und der gesellschaftlichen Gruppierung ab, in der ein Individuum aufwächst. Verstößt man gegen diese Regeln, so meldet sich für gewöhnlich das schlechte Gewissen und läßt uns spüren, daß wir gegen eine Norm, einen Wert verstoßen haben. Was z. B. eine Sünde ist, hängt von dem Glauben ab, dem man angehört.

Ich sehe keine Anhaltspunkte dafür, daß es im Tierreich Religionen gibt. Zu Werten und Normen, wie sie in menschlichen Gruppen bestehen, gibt es im Tierreich analoge Verhaltensmuster. Damit ist auf genetischer Grundlage sichergestellt, daß Artgenossen sich nicht unnötig übervorteilen oder gar umbringen, wenn es um Nahrung oder Sexualpartner geht. Die Natur verläßt sich da offensichtlich nicht auf die Entscheidungsfähigkeit ihrer Kinder. Einzig der Mensch besitzt Fähigkeiten, die es ihm unter anderem erlauben, sich bewußt gegen Recht und Gesetz zu entscheiden.

Wenn wir Tiermütter sehen, wie «rührend» sie sich um ihren Nachwuchs kümmern, dann hat das mit ethisch sittlichen Werten nichts zu tun; die können nicht anders. Ein weibliches Tier, das da aus der Rolle fiele, würde sein «Mutterdefizit» ganz einfach nicht vererben können. Findelheime oder ähnliche Einrichtungen kennt Mutter Natur nicht. Auch der Sieger einer Rangauseinandersetzung, der den Verlierer «ritterlich» schont, ihm einen «ehrenhaften» Abgang «ermöglicht», handelt nicht moralisch. Verhaltensforscher bezeichnen derartige Verhaltensweisen als **Moralanalog**. Selbst der treueste Hund ist sich selbst der nächste. Er hat «seine guten Gründe», warum er sich so scheinbar selbstlos verhält. Herrchen findet es rührend, und der Hund kriegt das auf angenehme Weise zu spüren. Es gibt Menschen, die sparen sich das Essen für ihre Lieblinge buchstäblich vom Munde ab.

Die Katze, die immer wieder Vögel oder Mäuse tötet, ohne sie zu fressen, hat ebenfalls kein schlechtes Gewissen. Bei ihr meldet sich keine strenge innere Stimme mit schöner Regelmäßigkeit und sagt: «Nun hast du schon wieder gesündigt. Du weißt doch genau: Mit Essen spielt man nicht. Und man schmeißt es auch nicht achtlos weg, wo andere hungern müssen!»

Unsere Hausgenossen haben kein Unrechtsbewußtsein, wenn sie etwas taten, was sie nicht sollten. Sie bemerken lediglich, daß wir böse sind, finden unser Schimpfen oder den Klaps unangenehm. Die Katze wird davonlaufen und sich verstecken, der Hund sucht sein Heil in Beschwichtigung, diesem charakteristischen Gebaren, bei dem er Ohren und Schwanz anlegt und sich klein macht. Ein Verhalten, das in der Tat sehr nach schlechtem Gewissen aussieht. Wir würden unsere Hausfreunde jedoch überschätzen, würden wir ihnen unterstellen, daß sie eine Moral hätten – vielleicht auch noch unsere.

Die Bedeutung unserer vierbeinigen Hausgenossen für uns

Was haben wir von ihnen? Verursachen sie heutzutage nicht mehr Kosten, als daß sie uns Nutzen bringen? Hühner, Schafe oder Schweine können uns reich machen, unser Hund, unsere Katze nicht. Anders als bei unseren Vorfahren ist heute keiner mehr auf ihre Mithilfe angewiesen, um überleben zu können. Bei Tierärzten und bestimmten Industriezweigen ist das schon eher gegeben. Haustiere sind ein ökonomischer Faktor geworden, in einer immer ökonomischer und komplizierter werdenden Welt.

Offensichtlich sind sie uns das Geld wert, das sie uns kosten. Die meisten von uns würden es als unsittliches Angebot zurückweisen, wollte jemand ihnen den Hausgenossen abkaufen. Ihre Bedeutung für uns liegt nicht in ihrer Nützlichkeit, sie liegt in der Art der Beziehung, die wir zu ihnen haben. Insgesamt verhelfen sie uns zu größerer seelischer Ausgeglichenheit, was sich auf unser Wohlbefinden und unsere Gesundheit meßbar auswirkt.

Wir alle leben in einer Zeit, in der nichts von Dauer ist. Werte und Ziele, Wissen und Jobs, Wohnorte und Sozialkontakte, alles ist einem immer schnelleren Wandel unterworfen. Wir rasen mit Autos oder Computern über Auto- und Datenbahnen, erleben eine inflationäre Informationsflut, aber wir wissen noch nicht einmal, ob wir in 20 Jahren noch Luft zum Atmen haben. Entfremdung nannte man vor 30 Jahren, was sich schon damals in der Arbeitswelt abzuspielen begann. Heute haben wir da ein «gehobeneres Niveau» erreicht. Massenarbeitslosigkeit, Werteverfall, Ökokrise, Ozonloch, Treibhauseffekt, Wachstumsgesellschaft, wir alle sind heute davon betroffen. Da ist für jeden etwas dabei, was ihn persönlich beunruhigt.

Was uns angst macht, uns massenhaft depressiv, sexuell lustlos werden läßt, uns immer neue Erkrankungen «beschert», noch bevor die ganz großen Katastrophen eingetroffen sind – unsere Haustiere lassen sich dadurch ihre «gute Laune» nicht nehmen. Ihre Besitzer profitieren davon.

Naturnähe, kreatürliche Verbundenheit mit einem «Größeren Ganzen», wo finden wir das in unserer computerisierten Welt? Die Kirchen leisten das nicht mehr – eher der Psycho- und der Pseudo-Psycho-Markt: aber auch unsere vierbeinigen Hausgenossen. Die haben keine Ahnung von Word und Windows, von Telefonbanking oder Treibhauseffekt. Sie leben einfach mit uns zusammen wie in den «guten alten Zeiten»... Als sei die Zeit vor 9 000 bzw. 4 000 Jahren stehengeblieben. Gut, die Autos stören manchmal. So manche Katze, mancher Hund verlieren ihr Leben beim «Erstkontakt» mit ihnen, chancenlos, etwas daraus zu lernen.

Im wesentlichen aber sind die gigantischen Veränderungen, die Mensch und Umwelt erfahren haben, spurlos an ihnen vorbeigegangen.

Tiere klagen nicht, sie jammern nicht darüber, im Leben immer nur benachteiligt worden zu sein oder eine schwere Kindheit gehabt zu haben. Sie leben im Hier und Jetzt. Ich kenne genügend Menschen, die ein Vermögen damit verdienen, daß sie die Fähigkeit, entspannt im Hier und Jetzt zu sein, in Seminaren vermitteln.

Tiere leben von Natur aus in der Gegenwart. Sie grübeln nicht über traumatische Erlebnisse oder Niederlagen. Sie sind ebenfalls unfähig, sorgenvoll in die Zukunft zu schauen. Sehr zum Leidwesen der Pharmaindustrie; denn die hat ein echtes Problem damit, Tiermodelle für die zahlreichen psychischen Störungen zu erzeugen, anhand derer die Wirksamkeit neuer Psychopharmaka untersucht werden soll.

Die «Begabung» unserer Haustiere, sorglos zu bleiben, wirkt sich auf uns Menschen positiv aus. Was sich da auf uns überträgt, ist sicher ein wichtiger Faktor, der dazu beiträgt, unser Leben zu verlängern und dabei noch qualitativ zu verbessern. Daß dies bei Tierhaltern der Fall ist, hat nichts mit sentimentaler Schwärmerei oder Jägerlatein zu tun, es ist in den letzten zwanzig Jahren wiederholt wissenschaftlich bewiesen worden.

Wie die Tiere das im einzelnen «anstellen», ist weitgehend unerforscht. Als ob es nicht von existentieller Bedeutung für uns Menschen wäre herauszufinden, welche Faktoren es denn sind, die sich da so günstig auf unsere Gesundheit auswirken. Ich würde mir wünschen, daß so manche Forschungsmilliarde nicht immer wieder in überflüssige Pharmaka investiert wird, sondern in die Erforschung jener garantiert nebenwirkungsfreien «Heilmittel», für deren Kosten die Konsumenten auch noch selbst aufkommen. Hundehalter zahlen sogar Steuern dafür.

Vorschläge für eine effektive Kostendämpfung im Gesundheitssystem habe ich bereits an anderer Stelle in diesem Buch abgegeben. Sie drängen sich einem manchmal geradezu auf, wenn man sich mit dem Thema Mensch und Haustier beschäftigt. So las ich kürzlich folgende Meldung in der Zeitschrift PSYCHOLOGIE HEUTE:

«Ein offensichtlich mächtiges Mittel der Gesundheitsvorsorge wird auch in Kliniken und Heimen trotz eindeutiger wissenschaftlicher Ergebnisse und praktischer Erfah-

rungen immer noch zu wenig beachtet: die Haltung von Haus- oder Heimtieren. So wurde auf dem Genfer Weltkongreß «Mensch und Heimtier» deutlich, daß sie nicht nur Wohlbefinden und Lebensfreude vermitteln, sondern Gesundungsprozesse beschleunigen oder sogar Herzinfarkte, Krebserkrankungen und Suizide verhindern können – bei jungen wie alten Patienten. Angesichts der klaren Befunde sprechen Mediziner und Verhaltensforscher von Heimtieren bereits als erfolgreichen «Co-Therapeuten» und fordern, zukünftig auch Heime oder Kliniken für die vierbeinigen oder gefiederten Helfer stärker als bisher zu öffnen.» (April 1996, S. 51)

Ich bin überzeugt davon, der Bedarf geht in die Millionen, und er würde den Krankenkassen Abermillionen an Kosten ersparen. Um nur eine mögliche Anwendung zu skizzieren: Ein weißer Stock, eine gelbe Armbinde mit drei schwarzen Flecken sind in der Anschaffung billiger als ein Hund. Aber der Hund begleitet diese Menschen und ermöglicht ihnen Erlebnisse, die sie sonst schmerzhaft vermissen würden. Für diese Menschen können Haustiere in besonderer Weise soziale Defizite ausgleichen.

Kein menschlicher Sozialpartner ist so unbeeindruckt von einer Behinderung und bleibt so ausdauernd zugewandt wie ein Hund oder eine Katze.

Behinderte ohne Haustier erkranken öfter und schwerer als solche, die ein Haustier haben. Viele Depressionen einsamer Menschen, zahllose psychosomatische Erkrankungen würden entweder gar nicht erst entstehen, oder sie würden weniger dramatisch verlaufen. Ein riesiges Anwendungsfeld sehe ich auch in den Altenheimen.

Der mehrfach erwähnte Wolf- und Hundeexperte *Erik Zimen* zeigte sich tief beeindruckt von einer Klettertour in den schweizerischen Alpen, die er zusammen mit einigen von ihren Hunden geführten Blinden durchführte.

Wir können noch so gestreßt oder mißmutig nach Hause kommen, unsere Haustiere begrüßen uns schwanzwedelnd oder schnurrend. Sie schnappen auch dann nicht ein, wenn wir erst einmal ein Weile unsere Ruhe haben wollen. Zwischen menschlichen Partnern führt so etwas häufig zu zusätzlichen Belastungen. Niemand vermittelt uns so sehr den Eindruck, ein tiefes Verständnis für unsere ureigensten Bedürfnisse zu haben, wie unsere kleinen Hausfreunde.

Natürlich glaube ich nicht, daß Hunde oder Katzen sich Gedanken über unser Befinden machen und dann abwägend entscheiden, Herrchen oder Frauchen erst einmal in Ruhe zu lassen. Aber irgendwie erfassen sie unsere Stimmung und reagieren erstaunlich feinfühlig darauf. Im Wahrnehmen geringster Unterschiede in unserem Gesichtsausdruck oder dem Klang unserer Stimme sind sie uns mit Sicherheit überlegen.

Faszinierend ist es auch, wie Haustiere ihre Besitzer oftmals dazu verleiten, sich erfrischend unbekümmert zu verhalten. Als ob sie dann mit Babys reden – dabei selbst zu Kindern werden. Ich sehe noch diesen Besitzer einer Rottweilerhündin vor mir, der neulich abend ganz und gar verzückt dem ausgelassenen Spiel unserer Hündinnen zusah und bemerkte: «Sind sie nicht wie Kinder?» ...

Der Mann hat recht. Sie haben etwas von Kindern, wenn sie unbelastet herumtollen, als ob es kein Morgen gibt. Sie lassen uns daran teilnehmen, oftmals versuchen sie sogar, uns zum Mitmachen zu animieren. Sind keine Menschen in der Nähe, kommen wir erst gar nicht auf die Idee, unser Tier könnte uns lächerlich finden. Mal so richtig albern kindlich sein, ohne das Risiko einzugehen, das Gesicht zu verlieren. Ein hoher Wert – und gesund ist es auch. Es tut einfach gut, an der Ausgelassenheit unserer Hausgenossen teilzunehmen. Ein Stück davon überträgt sich allemal, wirkt im Betrachter fort. Beruhigt die Nerven, führt einen hin zur eigenen Kreatürlichkeit. Solche Animateure im Haus zu haben betrachte ich als Bereicherung.

> *Im Fernsehen habe ich kürzlich gesehen, was aus Gefängnisinsassen geworden ist, die man mit der Ausbildung von Hunden zu Gebrauchshunden betraut hat. Das waren engagierte, sensible, ausgeglichene Menschen, denen man unbesehen abnahm, daß sie einen Sinn in ihrem Leben gefunden hatten. Viele von ihnen zum erstenmal. Sie konnten sehen, wie Behinderte von ihren Hunden profitierten, wieviel Freude sie ihnen vermittelten.*
> *Den Tieren ist es egal, ob die Hand, die sie streichelt, entstellt ist oder alt und faltig. Das gesamte soziale Klima in diesem Gefängnis hatte sich entspannt. Gewalt und Ausbruchsversuche waren so gut wie beseitigt. Es gibt viele solcher Beispiele. Sie veranschaulichen die Bedeutung, die Haustiere in unterschiedlichsten Lebenszusammenhängen für uns haben können.*

Was Menschen veranlaßt, sich ein Katzen- oder Hundebaby ins Haus zu holen, läßt sich kaum beschreiben. **Wir finden sie einfach unwiderstehlich. Da wirken auch bei uns Menschen angeborene Reaktionen.** Sie gehen einher mit den bekannten Gefühlen des Entzückens, Beschützen-Wollens und «Haben-Wollens». Nicht anders als bei jenen steinzeitlichen Frauen, die sich der ersten Wolfswelpen annahmen. Als Erklärung dafür, warum wir uns Tiere ins Haus holen, reicht das allemal. Aber was ist es, was die Vierbeiner im weiteren Verlauf ihres langen Lebens für uns bedeuten? Die vielen Bedürfnisse, die sie ihren Besitzern erfüllen, die zahlreichen Funktionen und Rollen, die sie dabei einnehmen können, davon soll in den nächsten Abschnitten die Rede sein.

Die Motive der modernen Menschen, ein Haustier zu halten

Die wenigsten von Ihnen halten sich einen Hund, damit er Sie oder Ihr Eigentum beschützt oder Sie bei der Jagd begleitet. Selbst dann ist das nur eine der Funktionen, die das Tier erfüllt. Das ist zu allen Zeiten so gewesen.

Nützlichkeit war stets nur ein Beweggrund von vielen. Die anderen Motive können so unterschiedlich sein wie die Tierhalter selbst.

Die meisten Katzen werden ohnehin in Wohnungen gehalten, in denen es weder Mäuse noch Ratten gibt. Gerade die modernen Großstädter bevorzugen Katzen ihrer Eigenständigkeit wegen. Man muß sie nicht mehrmals am Tag ausführen, und man kann sie ohne schlechtes Gewissen einen Arbeitstag lang allein lassen. Wenn man will, sind sie abends für einen da. Wofür?

Für einige soziale Bedürfnisse sind unsere Haustiere sogar geeigneter als Menschen. Meine Freunde z. B. begrüßen mich mit einem «Hallo!», meinen Hund streicheln sie. Kein Mensch, noch nicht einmal meine Kinder, dürfte so über Besucher «herfallen» wie unsere Ronja. Einige lassen sich mit offensichtlichem Behagen von ihr die Hände lecken. Vergleichbares dürfte ich mir nicht erlauben. Wir sind eben kultivierte Tiere.

Bestimmte Impulse halten wir zurück. Unsere Haustiere leben sie aus. Das ist etwas, was wir an ihnen schätzen, pure, unverfälschte Lebenskraft. «Tiere sind Gemütsmenschen», heißt es nach einer Äußerung des frühen Verhaltensforschers *Heinroth*. Uns Menschen ist im Verlauf der Zivilisation eine Menge davon abhanden gekommen. Mit unseren tierischen Freunden können wir ein Stück davon wiedererlangen. So manchem Tierhalter dient sein Vierbeiner dazu, eigene gehemmte Impulse sozusagen stellvertretend ausagieren zu lassen. In aller Regel zeigen sich die Besitzer, aber auch die Besitzerinnen männlicher Tiere eher amüsiert und verständnisvoll, wenn ihre Lieblinge sich ganz ungeniert sexuell betätigen. Einzelne sind sogar stolz darauf, wenn es ihnen gelungen ist, ihre Hunde zu reißenden Bestien zu machen. Sie laufen mit ihren «Waffen» (für die es keinen Waffenschein gibt) frei herum und wissen wahrscheinlich nicht einmal genau, welche Bedürfnisse von ihrem Hund erfüllt werden.

Beziehungen sind stets nur so gut, wie Geben und Nehmen ausgeglichen sind. Was wir für unsere Haustiere tun, welche Bedürfnisse wir ihnen erfüllen, habe ich im Abschnitt «Eine kleine vergleichende Verhaltensbiologie» auf Seite 53 ff zusammengefaßt. In den folgenden Abschnitten möchte ich beschreiben, was Katzen und Hunde für uns leisten, welche menschlichen Bedürfnisse sie befriedigen, warum sie für die meisten von uns schlicht unverkäuflich sind. Eine Freundin von mir sagte einmal: «Die Männer gehen, mein Kater bleibt.»

Haustiere als Sozialpartner

Menschen begegnen uns in unterschiedlichen Rollen. Ein und derselbe Mann kann z. B. in der Rolle des Bankers, des Liebhabers, Vaters, Sportkameraden, Ehemannes usw. sein. Ob im Job, auf dem Tennisplatz oder zu Hause, er kleidet sich je nach Tätigkeit und verhält sich auch dementsprechend. Psychologen und Schauspieler bezeichnen das gleichermaßen als Rollen. Während Schauspieler auf der Bühne oder im Film meist nur eine Rolle spielen, nehmen wir alltäglich ganz unterschiedliche Rollen ein, je nachdem, mit wem wir es zu tun haben.

Niemand verhält sich in allen Lebenssituationen immer gleich. Selbst dem prinzipientreuesten Rationalisten kann es unterlaufen, daß er sich «kindisch» verhält, wenn er mit seinem Enkel- oder einem Tierkind allein ist. Rollen klären Beziehungen und bestimmen ihren Verlauf, ähnlich wie tierische Rangordnungen. Man weiß, was man voneinander zu erwarten hat. Wer tagsüber Chef ist, kann abends sehr wohl zum «Hanswurst» werden und umgekehrt.

Viele der üblichen Rollen können Haustiere für uns «spielen». Vom Liebhaber (-ersatz) über den Kumpel, den Blitzableiter, Kindersatz, Untertan bis hin zum vergötterten Wesen. Die gleichen Fähigkeiten, mit denen wir in der Lage sind, andere Menschengruppen wie Ungeziefer anzusehen und tatsächlich auch so zu behandeln, ermöglichen uns umgekehrt, Menschen, aber auch Tiere buchstäblich zu vergöttern. Und dann können wir sie lieben – fühlen uns geliebt oder verehrt, je nach Gusto.

Nicht nur im richtigen Leben, auch in Romanen, Erzählungen und Sachbüchern gibt es zahlreiche Beispiele dafür, wie Menschen mit ihren vierbeinigen Hausgenossen umgehen, als seien sie ihresgleichen. In seinem Buch *Der Hund* schildert *Erik Zimen* die folgende Begebenheit:

> «*Als ich vor vielen Jahren in Kiel zum erstenmal meinen Chef, Professor Herre, bei einem Vortrag im Pudelklub vertreten mußte, brachte ich vor Erstaunen über das, was ich im Publikum sah, zunächst fast kein Wort heraus. Manche Pudel wurden auf dem Tisch gefüttert, man ‹zeigte› ihnen meine Dias, ‹erklärte› ihnen meine Worte, sie wurden schamlos liebkost und geküßt. Wäre man so mit Menschen umgegangen, hätte wohl jeder im Saal Anstoß daran genommen. Bei Hunden aber fallen alle uns sonst anerzogenen Tabus.*»

Ich kann Ihnen versichern, es gehört eine Menge dazu, einen so brillanten Redner wie *Erik Zimen* sprachlos zu machen.

Wir alle kennen Filme wie «Lassie», «Kommissar Rex» oder «Mein Partner mit der kalten Schnauze», in dem ein Polizeihund die *Rolle* des «Officer Jerry Lee» «spielt». Wir sprechen mit unseren vierbeinigen Freunden wie mit menschlichen Partnern. Auch mir entfahren gelegentlich Äußerungen wie: «Mensch, jetzt komm endlich her!» Es gibt allerdings Zeitgenossen, die reden mehr mit ihren Tieren als mit Menschen. Vielleicht sind sie zu oft enttäuscht worden.

Aber kehren wir zur ganz normalen Mensch-Tier-Beziehung zurück. Da fällt dem außenstehenden Betrachter zunächst auf, daß wir uns Haustieren gegenüber so verhalten, als ob es kleine Kinder wären, die noch nicht sprechen können. Oft erlebt man, wie ein Tierhalter seinem Liebling Fragen stellt oder sonst mit ihm spricht und die Reaktion des Tieres stellvertretend in Worte kleidet. Das hört sich dann in etwa so an: «Ja, meine Dicke, du möchtest ein Leckerli. Ja, ich weiß.» – Oder: «Ja, meine Süße, du freust dich schon auf deinen Freund. Da mußt du dich aber noch ein wenig gedulden. Der kommt erst um zwei.»

Wer sich da traut nachzufragen, woher Herrchen oder Frauchen das denn so genau weiß, was das Tier da mitteilt, wird im Brustton tiefster Überzeugung Dinge zu hören bekommen wie: «Ich kenn doch meinen Hund!» – Oder: «Meine Katze sagt mir sehr genau, was sie will.»

Gedankenlesen nennen Psychologen das. Bei Menschen führt diese weitverbreitete Untugend nicht selten zu lebenslangen Irrtümern und Beziehungskrisen. Nicht so bei unseren Haustieren. Sie widersprechen uns nicht, und sie fühlen sich durch solcherlei unterstellende Ansprachen auch nicht unverstanden. Sie «gehen» gleich tiefer, spüren die Absicht hinter den Worten ihrer Besitzer und fühlen sich einfach angesprochen oder beachtet.

Stimmen sind für sie ein Medium, mit dem Stimmungen übertragen werden.

Wir Menschen identifizieren uns mit unseren Haustieren. Wie sollen wir auch anders mit ihnen umgehen? Für Zuneigung, Freundschaft, Kumpanei haben wir nun mal bestimmte Gefühlsreaktionen und die dazugehörigen Verhaltensweisen. Im Umgang mit unseren Tieren entwickeln wir keine eigens an die jeweilige Art angepaßten Reaktionsmuster oder spezifischen Gefühle. Selbstverständlich kann eine solche Identifikation unterschiedlich weit gehen. Die meisten behalten schon noch im Auge, daß es sich um ein Tier handelt. Bei einigen geht auch diese Grenze verloren.

Für ein Tier ist es wichtig, daß sein Besitzer um die artspezifischen Unterschiede weiß. Denn unsere Bedürfnisse sind mit Sicherheit nicht immer deckungsgleich mit denen unserer Hausgenossen. Bei all den biologischen Unterschieden, bei allem, was wir von Tieren und Menschen wissen, wäre das äußerst unwahrscheinlich.

Ein Hund, der draußen in einer Riesen-Show einen anderen Hund angeht, kann seinen Besitzer ziemlich nervös machen, den Halter des angegriffenen Tieres noch viel mehr. Da habe ich schon regelrecht dramatische Szenen erlebt. Der eine denkt: «Das ist doch nicht mein Hündchen. So aggressiv ist der doch gar nicht.» Auch der andere geht von sich aus: «Oh, Gott, mein armer Kleiner. So eine Gemeinheit, dich einfach so anzufallen.» Der erstere sieht das Bild, das er von seinem Hund hat, als gefährdet an, kann sich mit der forschen Art seines sonst vielleicht friedlichen Hausgenossen nicht identifizieren; der letztere reagiert innerlich so, als ob er selbst angegriffen würde. Für die Hunde handelt es sich um eine ganz normale Beziehungsklärung. Ihre Besitzer können in einer solchen Situation Fehler machen, wenn sie nicht berücksichtigen, daß Hunde keine Menschen sind.

Hunde sind nun mal so. Sie brauchen klare Beziehungen. Untereinander stellen sie diese auf *ihre* Weise her. Das Wort «Show» war übrigens bewußt gewählt. Hunde sind nämlich Meister darin. *Erik Zimen* sagte dazu einmal: «Denn wie alles beim Hund ist die Show schon der halbe Sieg.» Ein wirklich aggressives Tier dagegen zeigt keinerlei Ausdrucksverhalten, verzichtet auf jedes Drohen und Imponieren. Viele von Ihnen kennen die Redewendung: «Hunde, die bellen, beißen nicht.» Als «Rudelführer» tun wir stets gut daran, die Ruhe zu bewahren. Angst oder gar panisches Verhalten übertragen sich auf die Hunde und können genau das hervorrufen, was Hundehalter in aller Regel vermeiden wollen.

Aber auch unsere samtpfötigen Mitbewohner können ihre Besitzer arg vor den Kopf stoßen, wenn sie eines Tages «stolz» mit ihrer Beute auf der Terrasse erscheinen und diese dort «totspielen». Frauchen findet das aber vielleicht grausam, geradezu «unmenschlich». Ich persönlich mag das auch nicht, kann es meinem Tier aber nicht übelnehmen. Unerfahrene Katzen oder solche, die nur selten «Freigang» haben, tun dies nun einmal. Spannend finde ich in diesem Zusammenhang, wie wir Menschen das Wort «tierisch» gebrauchen, nämlich als Steigerungsform von Dingen, die wir gut finden – «tierisch gut».

Wie ich im Kapitel «Die Welt von Katze und Hund» ausgeführt habe, kennen Tiere keine Moral und kein schlechtes Gewissen, auch wenn es manchmal noch sosehr danach aussieht. Hunde, die etwas aus-gefressen haben, sind wahrlich perfekte «Schauspieler». Der menschliche Betrachter kommt gar nicht umhin, das, was ihm da entgegenkommt, als das personifizierte schlechte Gewissen anzusehen. Die abgeknickten Ohren, der eingeklemmte Schwanz, dieser Blick – mit alldem drückt der Hund jedoch lediglich aus, daß er jetzt unangenehme Töne (Schelte) oder Schlimmeres erwartet. Es ist unrealistisch zu erwarten, daß Tiere ein Unrechtsbewußtsein haben, zumal wenn sie nur ihren ureigensten natürlichen Antrieben folgen, wie die jagende Katze oder der Kontakt suchende Hund.

Als unsere Sozialpartner geraten unsere vierbeinigen Hausgenossen in **die Rolle von Gesprächspartnern**. Wir sprechen mit ihnen, lassen sie an unserem Leben teilnehmen, fühlen uns dabei verstanden. Die Tiere hören uns an, kritisieren uns nicht, nehmen uns so, wie wir sind. Auf ihre Weise antworten sie uns sogar. Kein Mensch ist in der Lage, uns so bedingungslos zu akzeptieren, wie Tiere das tun (müssen).

Mein Kater Kuddel war so ein Vertreter: Er hing an mir wie eine Klette. Er verbrachte einen Großteil seines Lebens auf meinem Schoß, auf meinem Kopfkissen oder auf den Büchern, die ich gerade las. Keiner meiner menschlichen Sozialpartner ist auch nur andeutungsweise so an ihn herangekommen wie ich.

Die Beziehung zu unseren Hausgenossen ist oft exklusiv. Katze oder Hund sind dann speziell auf eine Person bezogen. Fremden gegenüber zeigen sie sich lange nicht so vertraut. Selbst in Familien ist die Bindung von Hund oder Katze an eine Person enger als an die anderen. Was auch immer im «Zwiegespräch» zwischen einem solchen «Paar» vor sich geht, kann in hohem Maße den Eindruck tiefsten Einvernehmens und größter Vertraulichkeit erwecken.

Nun kann «Sozialpartner» auch bedeuten, daß man auch außerhalb der häuslichen Umgebung zusammen ist. Das ist mit Katzen nur selten möglich. Wenn die hinausgehen, werden sie zu Einzelgängern. Nehmen bestenfalls noch mal im eigenen Garten flüchtigen Kontakt zu ihren Besitzern auf. Aber eigentlich stören wir sie dort wohl eher.

Eine Ausnahme war hier wohl mein Burmakater Miescha. Er schien Gefallen daran gefunden zu haben, mit mir zusammen auch längere Exkursionen in die Umgebung zu unternehmen. Überhaupt war Miescha ein besonders aufgewecktes Tier. Aufgeschlossen und angstfrei «forderte» er auch von Besuchern, gestreichelt zu werden. Bei unseren ausgesprochen ausgelassenen Studentenfeiern pflegte er, auf den Lautsprecherboxen sitzend, an dem turbulenten Treiben teilzunehmen. Bei den ersten Hinweisen auf eine bevorstehende Feier zog Kuddel es vor, sich in den letzten Winkel meiner damaligen Wohnung zu verkriechen.

Hunde «wollen» am liebsten immer an der Seite ihrer «Bezugsperson» sein. Sicherlich ist diese Eigenart ein Erbe ihrer wölfischen Herkunft. Ein einzelner Wolf ist zum Tode verurteilt. Zum Überleben brauchen sie die anderen. Es gibt Menschen, die nehmen ihren Hund tatsächlich überallhin mit. **Der Hund in der Rolle des Begleiters oder Kumpanen**, mit dem man jederzeit verbunden sein kann.

Einige Hundebesitzer widmen ihre Freizeit dem **Hundesport**. Sie treffen sich mit Gleichgesinnten auf vereinseigenen Plätzen. Dort arbeiten sie mit ihren Tieren an bestimmten Aufgabenstellungen, dressieren sie zu Wach- oder Schutzhunden. Was in einigen dieser Vereine geschieht, ist nicht immer im Interesse der Hunde. Die Besitzer scheinen in jedem Falle großes Vergnügen an ihren Tieren zu haben. Viele sind mit Recht stolz auf die Leistungen ihrer Hunde. Die Übergänge zum Hund als Statussymbol oder als Ersatz für den ausgebliebenen eigenen sozialen Aufstieg sind hier manchmal fließend. Genauso wie der Übergang zum **Tier als Spielkameraden**.

Sowohl Katze als auch Hund können letztere Rolle einnehmen. Als Folge der Domestikation kann man mit ihnen lebenslang spielen. Ihre wilden Ahnen tun dies nur als Jungtiere. Wirklich ausgelassen zu spielen oder zu toben gestatten sich erwachsene Menschen in aller Regel nur mit ihren Kindern oder Haustieren. Hier können Tiere eine wirklich wichtige Funktion für ihre Besitzer erfüllen. Spiel ist das Gegenteil von Ernst. Einer meiner Lehrmeister hielt die Ernsthaftigkeit für eine der Todsünden der Menschheit. Er meinte das Wort «tod-ernst» zeige, wohin es führen könne, wenn man das Leben zu ernst anginge. Wir sollten alles begrüßen, was Menschen zum Spielen oder Lachen einlädt.

Hund und Katze als Kuscheltier. Weitere wichtige Funktionen aus der «Abteilung: ‹Haustiere als Sozialpartner›» werden durch unsere Hautsinne vermittelt. Menschen kuscheln oder streicheln einander, wenn sie sich sehr nahe sind *und* wenn die Situation es erlaubt. Mit unseren Haustieren erlauben wir uns diesen Komfort überall und jederzeit, ohne anzuecken. Das Fell oder den Körper unseres kleinen Lieblings zu berühren (so zärtlich drücken das viele tatsächlich aus), von ihnen berührt zu werden ist für uns sehr angenehm und wohltuend.

Mediziner wissen, daß kaum etwas anderes erhöhten Blutdruck so erfolgreich und gleichwohl nebenwirkungsarm senken kann. Katzen- und Hundebesitzer berichten, daß es ihnen Gefühle von Entspannung, Geborgenheit oder Zuneigung vermittelt, wenn sie ihr Tier streicheln, kraulen oder anderweitig berühren. Ihre Tiere scheinen nichts dagegen zu haben. Sie lassen es geschehen. Daß das nicht selbstverständlich ist, kann man feststellen, wenn man versucht, Tiere in einem Wildpark anzufassen. Die sind meist sehr vorsichtig und schrecken leicht zurück. Unsere Hausfreunde sind ebenfalls in der Lage, Kuschelangebote zurückzuweisen, wenn sie es so oder jetzt nicht wollen. Beispielsweise, wenn mein fünfjähriger Sohn dies zu ungestüm oder grob versucht. Unsere Katze läßt ihn gar nicht erst auf Tuchfühlung heran.

Haustiere als Untertanen

Eine unerfreuliche Rolle fällt Haustieren in den Händen herrschsüchtiger Menschen zu. Diese benutzen ihre Tiere, um eigene Frustrationen abzureagieren. Sie lassen ihre gehemmten oder unterdrückten Aggressionen an ihnen aus. Die müssen sich nicht immer in Handgreiflichkeiten äußern, sie können sich auch in lieblosem oder gereiztem Umgang entladen. Da wird mit dem Tier genörgelt, geschrien oder gezerrt. Hunde fliehen noch nicht einmal, wenn man sie so behandelt. Diese Eigenschaft der Hunde veranlaßte die englische Königin Queen Elisabeth zu der Bemerkung (sinngemäß): Die Treue der Hunde ist erstaunlich – man kann sie sogar anschreien, und sie bleiben trotzdem.

Insbesondere Hunde kann man schwer bestrafen, indem man sie einfach ignoriert. Glücklicherweise hält auch der finsterste Griesgram diese Verhaltensweisen nicht dauerhaft durch. Die meisten unterliegen immer wieder der **stimmungsaufhellenden Wirkung** ihrer Haustiere.

Menschen können sich selbst erhöht fühlen, wenn sie ihre Haustiere niedermachen, ihr Dominanzstreben an ihnen auslassen. Meist fühlen sich diese Tierhalter selbst als Underdogs. So nennt man Menschen, die sich wie «geprügelte Hunde» verhalten, unterwürfig und sozial benachteiligt. Die Kränkungen, die sie im Leben erfahren, lassen sie dann an noch schwächeren aus. Verhaltensforscher nennen diese Reaktionsweise, die man auch aus dem Tierreich kennt, «**Radfahrerreaktion**», nach oben dienern und nach unten treten.

Wird ein Wolf zum Beispiel von einem ranghöheren Tier verdrängt, steigt die Wahrscheinlichkeit, daß er seinerseits den nächstbesten rangtieferen Artgenossen beißt oder durch Drohen vertreibt. Erst danach kann er wieder zum normalen «Tagesgeschäft» zurückkehren.

Menschen wie Tiere reagieren auf diese Weise negative Gefühle ab. Allein der ranghöchste Wolf kann es sich erlauben, immer freundlich zu seinen Rudelmitgliedern zu bleiben. Er führt sein Rudel niemals im Stile eines Tyrannen. Streitigkeiten schlichtet er durch sein freundlich gelassenes Auftreten. Nicht selten fordert er die Streithähne zum Spielen heraus. Ein nachahmungswürdiges Modell für menschliche Führungskräfte und Regierungschefs. Ganz anders verhält sich der zweithöchste im Rudel. In der Rolle des Stellvertreters greift er auch zu aggressiven Mitteln, wenn er Streit im Rudel zu schlichten hat.

Haustiere als Gebrauchsgegenstand

Ebenfalls unerfreulich ist die Rolle bestimmter Hunde als Gebrauchsgegenstand. Ein solches Tier hat als Jagd- oder Wachhund bestimmte Aufgaben zu erfüllen, und dann ab in den Zwinger. Bloß keine Sentimentalität, der Hund könnte ja an Schärfe verlieren. Man verhindert jeden sozialen Kontakt, in der Hoffnung, eine «sachdienliche» Prägung ausschließlich auf den Besitzer zu erzielen. Angestaut, was seine sozialen Bedürfnisse betrifft, ist ein solcher Hund natürlich sehr gefügig, wenn sein Besitzer sich endlich einmal mit ihm beschäftigt.

Vergleichbare Abhängigkeitsbeziehungen gibt es in menschlichen Gesellschaften dann, wenn eine Person die absolute Macht über andere innehat und diese ausbeutet. Nicht nur bei Hunden führt das dazu, daß sie Fremden gegenüber unberechenbar, ja gefährlich werden können. Übergänge zum «Hund als Untertan» sind hier fließend, die im vorigen Abschnitt erwähnte «Radfahrerreaktion» kann auftreten.

Zuweilen werden in diesem Milieu «Erziehungsmethoden» verwandt, die – gelinde gesagt – rabiat sind. Das Tier hat zu funktionieren und sonst gar nichts. Ich sage nicht, daß das bei allen Jagd- oder Wachhundbesitzern so ist, aber es gibt viele dieser Fälle. Rechtlich gesehen werden Tiere im wesentlichen weiterhin wie Sachen behandelt, obwohl unsere Rechtsprechung ihnen seit 1986 gewisse Empfindungen nicht mehr absprechen will. In der Praxis hat sich dadurch herzlich wenig geändert. Der Gesetzgeber empfiehlt lediglich, Tiere nicht ohne «vernünftigen Grund» zu quälen. Vernünftige Gründe, z. B. wirtschaftliche, lassen sich in der Praxis mühelos finden.

Die Feststellung, daß Tiere seit 1986 auch Subjekte sind, also Rechte haben, könnte in der Praxis nach wie vor ohne Bedeutung bleiben, weil ihnen Schmerz- und andere Empfindungen nicht angemessen zugestanden werden.

Es ist richtig, daß wir den Beweis tierischen Schmerzempfindens letztlich nicht führen können. Das ist schlicht unmöglich. **Genauso unmöglich ist es, objektiv zu beweisen, ob ein Mensch Schmerzen hat oder nicht. Schmerzen sind Gefühle. Diese entziehen sich, wie alle seelischen Vorgänge, der direkten Beobachtung.** Messen können wir lediglich die sie begleitenden physiologischen Veränderungen, die bei allen Säugetieren vergleichbar sind. Allerdings drücken Tiere Schmerzen so aus, wie es *ihrer* Art entspricht. Die meisten Menschen haben keine Mühe, den Ausdruck des Schmerzes bei einem Tier richtig zu interpretieren.

Es wäre ein kapitaler Fehler der Evolution gewesen, Tiere nicht mit einer Schmerzwahrnehmung ausgerüstet zu haben, die der unseren gleichkommt. Das kann einem doch eigentlich schon der gesunde Menschenverstand nahelegen. Tiere müssen, genau wie wir, in der Lage sein, Schmerzreizen ausweichen zu können, weil diese eben schädlich sind. Das können bereits Amöben. Höhere Wirbeltiere behalten unangenehme Erlebnisse oft ein Leben lang im Gedächtnis. Wenn es ihnen nützlich erscheint, frönen unsere sonst so sachlichen Juristen und Politiker einem völlig illusionären und veralteten Wissenschaftsglauben, nämlich dem Glauben, alles hieb- und stichfest beweisen zu können. Auffälligerweise werden die erdrückenden Indizien für die Leidensfähigkeit unserer Haus- und Nutztiere nicht zugelassen. Die Eierfabrikanten und Viehmäster und deren Zulieferer profitieren davon.

Auch in diesem Zusammenhang haben Katzen es zumeist leichter. Sie leiden nicht sosehr darunter, wenn Menschen sie als reine Nutztiere verwenden. Bedeutet das doch bei ihnen, daß man sie einfach tun läßt, was ohnehin ihre Natur ist, nämlich Mäuse und Ratten jagen. Für andere Anwendungsfelder eignen sie sich ohnehin nicht. Man sperrt sie also nicht ein, sondern läßt sie laufen. Ansonsten kümmert man sich nicht um sie. Solche halb wild lebenden Katzen findet man auf dem Lande. Sie bleiben bei den Höfen, weil sie dort in Scheunen Unterschlupf finden und ihre Jungen großziehen. Außerdem sind sie dort sicherer als in der freien Landschaft, wo Jäger mit ihren «Gebrauchshunden» ihnen nach dem Leben trachten.

Etwas anders sind die Lebensbedingungen bestimmter Rassekatzen, die als Gebärmaschinen mißbraucht werden. Hauptsache die Zuchtkriterien stimmen bzw. die Kasse. Bei Hunden kommt solcherart Nutzung allerdings wesentlich häufiger vor.

Haustiere als Kindersatz

Haustiere sind von ihren Besitzern in vielerlei Hinsicht abhängig. Wir ernähren sie, wenden uns ihnen zu, versorgen sie, auch medizinisch, gehen mit ihnen spazieren bzw. lassen sie ins Freie. Wer sich ein Tier ins Haus holt, verpflichtet sich damit zur Fürsorge. Meist sind die Tiere noch sehr jung, wenn sie zu uns kommen. Dann «verführen» sie uns geradezu zum Hätscheln und Tätscheln, zum Hegen und Pflegen.

Hunde und Katzen sind von vornherein in der Rolle der «Fürsorgeempfänger». Die meisten von uns tun das gern, wollen sich ganz bewußt darauf einlassen. Es bereitet uns gute Gefühle, für unsere vierbeinigen Schützlinge dazusein. Füttern und Fellpflege stärken die Bindung, ganz ähnlich wie zwischen Mutter und Kind.

Bei einigen Menschen gerät dieser Bereich der Tier-Mensch-Beziehung deutlicher in den Vordergrund als bei anderen. Sie sehen in ihren Hausgenossen kleine Kinder, können nicht genug bekommen von dem guten Gefühl, zu bemuttern, zu betütteln und zu umsorgen. Dahinter stecken mächtige Antriebe, die der Ethologe Brutpflegetrieb nennt. Diese können bei Tier und Mensch sogar zu Scheinschwangerschaften führen.

Andere finden darin den Sinn ihres Lebens. **Die Suche nach Sinn** ist etwas, mit dem viele unserer Zeitgenossen sich schwertun. Die Angebote auf dem Psychomarkt zeigen, wie groß der Bedarf nach Sinnfindung im Leben vieler sein muß. Tierhalter haben es damit oft leichter.

Wie bei allem, was Menschen tun, kann es auch beim Bemuttern von Haustieren zu Übertreibungen kommen. Dann nämlich, wenn man nicht mehr auf die Bedürfnisse des Tieres achtet, sondern nur noch auf die eigenen. Einige von Ihnen mögen jetzt vielleicht denken: Wie kann man denn ausschließlich an sich denken, wenn man sein ganzes Streben auf das Umsorgen eines Tieres richtet? Ich kann Ihnen versichern, auch hinter dem selbstlosesten Verhalten stecken letztlich persönliche «Gewinne». Tief im Inneren kann man sich in dem guten Gefühl aalen, für andere so großartig selbstlos zu sein. Darüber hinaus erntet man oft auch noch Dank und Anerkennung für solches Handeln. Es sind nicht wenige Menschen, für die «das Dasein für andere» die wichtigste Quelle ist, sich gute Gefühle zu verschaffen.

Es ist wirklich nichts dagegen einzuwenden, wenn Menschen dafür sorgen können, daß es ihnen gutgeht, solange andere darunter nicht leiden müssen. Ich entsinne mich des Ausspruches einer Klientin, die mit einem Mann zusammenlebte, der sie so sehr «liebte», daß ihr kaum noch Luft zum Atmen blieb. Sie sagte: «Man kann sich auch totlieben.»

Säuglinge und Kleinkinder protestieren, wenn ihnen etwas nicht behagt. Tiere sind da erheblich langmütiger. Hunde können zu Opfern menschlicher «Tierliebe» werden, da sie nie so selbständig werden wie Kinder. Die verlassen nämlich früher oder später die elterliche Wohnung. Unsere Haustiere sind für immer «wie Kind im Haus», sie stellen auch noch als Greise ihre Füße unter unsere Tische.

So werden sie denn mit Leckerbissen verwöhnt, in Boutiquen ausstaffiert, in Salons *frisiert* und maniküruten. Ganze Wirtschaftszweige bemühen sich darum, immer neue tierliche Bedürfnisse zu erfinden. Ganz abgesehen von einigen Züchtern, die diesem Kundeninteresse entgegenkommen. Ihre «Produkte» sind dann tatsächlich auf die Bekleidung aus den Boutiquen angewiesen, können teilweise kaum noch selber laufen, einige japsen schon im Liegen nach Luft. Auch Leckaugen und aberwitzige Faltenbildungen gelten als wertvolle Zuchtkriterien, obwohl sie schmerzhafte Infektionen hervorrufen können. Andere haben völlig deformierte Kiefer oder Beine, mit denen sie ihren natürlichen Bedürfnissen gar nicht mehr selber nachkommen können. Die Fachpresse spricht in solchen Fällen von Qualzüchtungen skrupelloser Geschäftemacher.

Solche Rassen werden nach bestimmten Vorgaben designed wie Konsumartikel. Funktionseinbußen mit Krankheitswert werden dabei durchaus bewußt *in Kauf* genommen. Da können «Helfersyndrome» ihre Erfüllung finden. Gottlob betrifft das nur einen kleinen Teil der Haustiere. Bei den meisten Besitzern, die in ihren Vierbeinern so etwas wie ein kleines Kind sehen, bleibt das fürsorgliche Verhalten in verträglichen Grenzen. Grundsätzlich ist es nicht unbedingt die schlechteste Sichtweise, in seinem Tier ein Kind zu sehen. Es gibt ja auch gute Eltern und glückliche Kinder. Es gibt aber auch «das Kind im Mann» und natürlich auch «das Kind in der Frau».

Auswüchse, wie ich sie eben beschrieben habe, bleiben den Hauskatzen zumeist erspart. Sicherlich hat ihr Hang zur Individualität, ihre natürliche Eigenständigkeit sie weitgehend vor übertriebenem züchterischen Ehrgeiz bewahrt. Sie folgen uns auch nicht so willig in Boutiquen und Salons wie Hunde in ihrem blinden Vertrauen. Gleichwohl können auch Katzen als Kindersatz fungieren. Gern lassen sie sich verwöhnen, teilen Tisch und Bett mit uns, können sehr bezogen auf uns sein. Dann begleiten sie uns auf Schritt und Tritt, zumindest in der Wohnung und wenn sie «Lust» haben. Meine beiden Kater Kuddel und Miescha kann ich mir in dieser Rolle gut vorstellen.

Haustiere als Statussymbol

Um unser Prestige zu erhöhen, ziehen wir alles heran, was diese Erde zu bieten hat, wenn es sich dazu eignet. Was geeignet ist, bestimmen einige «Auserwählte». Zu allen Zeiten wurden auch Tiere verwendet, um Rang und

Prestige ihrer Besitzer zu unterstreichen. So mancher Herrscher ließ den Besitz bestimmter Tiere in der Bevölkerung verbieten. Damit war sichergestellt, daß niemand es ihm in diesem Punkt gleichtun konnte.

Prestige und sozialer Rang gehören zusammen. Rangordnungen begegnen uns nicht nur in allen Armeen dieser Welt, sondern überall in der Gesellschaft. Rangordnungen regeln die sozialen Beziehungen der Gruppenmitglieder untereinander. Hohe Ränge bieten ihren Inhabern Vorteile. Man hat bessere Chancen, satt zu werden und sich fortzupflanzen, muß nicht jedesmal aufs neue darum kämpfen, den Vortritt zu haben.

Nun könnte ich noch seitenweise über Rangordnungen und deren Funktionen schreiben und welche Analogien es zu Rangordnungen bei Tieren gibt. Sie können mir glauben, die sind reichlich vorhanden. Aber in diesem Abschnitt geht es darum, wie Menschen ihre Hausgenossen einsetzen, um ihren sozialen Rang zu demonstrieren bzw. zu erhöhen.

Tiere tun so etwas nicht. Die halten sich keine anderen Lebewesen zu diesem Zweck. Tiere haben keine Statussymbole oder Rangabzeichen, ihre Ranghöhe drücken sie mit naturgegebenen Mitteln aus – «wie der Herrgott sie erschuf». Menschen sind so gut wie nie dazu in der Lage, ohne Kleidung und sonstige Hilfsmittel, einfach aufgrund ihrer Ausstrahlung, soziale Bedeutung darzustellen. Ein General in einem FKK-Camp kann durchaus das gleiche Erscheinungsbild abgeben wie ein Feldwebel, der sich auf dem gleichen Gelände aufhält.

Stellen Sie sich einmal vor, ein rangniedriger Wolf würde sich einen Tiger als Kumpel oder Body-guard besorgen. Niemand würde es wagen, unseren ehemals niedrigrangigen Wolf anzugehen. Schlagartig würde er zum Alpha-

tier werden. Wäre er auch noch so schwach und untauglich, das Rudel zu führen. Ungehindert könnte er seine Gene weitergeben. Die ehemals ranghohen Wölfe wären zu Nahrungsbeschaffern degradiert.
Die nachfolgenden Generationen hätten deren Fähigkeiten bereits nicht mehr, weil nur unser neuer Alphawolf zur Fortpflanzung gelangt wäre ... Was ursprünglich als Statussymbol ins Rudel kam, unserem schlauen Wolf Respekt und Ansehen verleihen sollte, hätte die Tiere abhängig gemacht. Jeder würde danach streben, sich einen Tiger zu beschaffen, möglichst einen noch größeren als die anderen. Man kann sich leicht vorstellen, wie die Spirale sich weiterdrehen würde ... Parallelen zu unserer Wachstumsgesellschaft sind nicht zufällig.

Wir Menschen holen uns normalerweise zwar keine Tiger ins Haus, zumindest nicht in Europa, aber wir neigen dazu, das Verhalten von sozial hochgestellten Personen zu imitieren. Wer sich den Wagen von Monarchen leisten kann, wird von seinen menschlichen Sozialpartnern hoch angesehen. Er hat ein höheres *Ansehen,* als wenn er in einem Allerweltsauto älteren Baujahres daherkäme.

Einen Rolls-Royce kann sich nicht jeder leisten, einen königlichen Hund schon.

Es muß nicht unbedingt ein König sein, den wir nachahmen. Prominente, die wir täglich mit ihren Besitztümern und oft auch mit ihren Haustieren in den Medien sehen, tun es auch. Es kann aber auch der Nachbar sein, dessen Haus größer ist, der das teurere Auto fährt und ein bestimmtes Rassetier mit Stammbaum sein eigen nennt.

In den letzten Jahrzehnten gab es einige Fälle, in denen bestimmte Tierrassen sich epidemieartig ausbreiteten, nachdem sie im Zusammenhang mit ihren Besitzern populär geworden waren. Ein Beispiel ist der Pudel jener Edelprostituierten «Nitribit», deren Ermordung, der mysteriösen Umstände halber, große Aufmerksamkeit in den Medien fand. Rassen, die in Film und Fernsehen zu einer gewissen Berühmtheit gelangt sind, werden anschließend oft zu «Verkaufsschlagern», z. B. Collies oder Bassets (Schuhreklame). Bestimmte Katzenrassen wie Russisch Blau oder Karthäuser sind vielen nur aus der Werbung bekannt. Dort räkeln sie sich mit attraktiven Frauen in anspruchsvollem Ambiente. Das reizt so manchen zur Nachahmung.

Einige Katzen- und Hunderassen gelten als edel. Den jeweiligen Wert der Tiere legen wenige «Auserwählte» fest, meist nach äußerlichen Merkmalen, nicht anders als in der Mode. Nicht wenige Hunde- und Katzenzüchter versehen ihre Tiere mit Namen und Stammbäumen, die an alte Adelsgeschlechter erinnern. Die Halter solcher Rassetiere profitieren von dem hohen Ansehen, das ihre Lieblinge in der Gesellschaft genießen, zumindest bei den «gebildeteren» Schichten. Sie achten peinlichst darauf, daß sich das edle Tier ja nicht mit einem «Bürgerlichen» verpaart. Dem Tier kann das alles egal sein, solange es Tier bleiben darf.

Zuweilen sieht man es Herr und Hund schon von weitem an, daß sie einen hohen Rang für sich beanspruchen. Da hat das Tier eine Schleife im Kopffell, der Pudel die letzte Modefarben, und Frauchen kommt, mitten in der freien Natur, im Nerz- oder Fuchspelz daher. (Wie Sie bemerken, ist es gerade Winter, während ich diese Zeilen schreibe. Im Sommer sieht man da eher weiße Seide.) Mint, die Farbe des letzten Sommers, habe ich bei Katze und Hund noch nicht gesehen. So schnell kommen die Züchter da nicht hinterher. Apricot kam vor drei oder vier Jahren in Mode. Diese Farbe habe ich bei Hunden bereits gesehen. Schaun wir mal, was für Kreationen da noch auf uns zukommen. Natürlich erkennt man den Status von

Herr oder Frau und Hund nicht nur an Äußerlichkeiten, sondern auch an deren Verhalten.

Gut, daß unsere Hausgenossen nur über Zunge und Fußballen transpirieren. Sicherlich hätte die kosmetische Industrie sonst längst neue Zielgruppen und Anwendungsfelder kreiert; nach dem Motto: «Ist die Katze trocken, freut sich der Mensch.» – Oder: «Unser neues Deo schützt Ihren kleinen Racker vor übermäßigem Flüssigkeitsverlust.»

Auch hier schätze ich den Anteil derjenigen, die ihr Tier ausschließlich aus Prestigegründen halten, als klein ein. Die meisten von uns wählen dasjenige Haustier, das sie mögen und von dem sie annehmen, daß es zu ihnen paßt. Wie auch immer eine solche Wahl im einzelnen vor sich geht. Es handelt sich dabei um höchst individuelle Entscheidungsprozesse. Die gesamte Persönlichkeit eines Menschen kann daran beteiligt sein.

Für die überwiegende Mehrzahl von Haltern «spielen» ihre Haustiere eine Mischung aus fast allen der hier dargestellten Rollen. Der jeweilige Schwerpunkt kann von Besitzer zu Besitzer sehr unterschiedlich sein. Die Beziehung zwischen Mensch und Tier kann sich verändern, wenn die Lebensumstände des Menschen sich ändern, z. B. wenn der Besitzer plötzlich allein lebt oder andere Vorlieben, andere Einstellungen angenommen hat. Wenn eine Frau ein Baby bekommen hat, braucht sie kein Haustier als Kindersatz. Wer ein stabiles Selbstwertgefühl entwickelt hat, braucht sein Tier nicht als Statussymbol. Wer seine persönlichen Feindschaften bereinigen konnte, braucht aus diesem Grund keinen Kampfhund mehr.

Öfter, als wir glauben, kommt es vor, daß unsere vierbeinigen Freunde es selbst sind, die unsere Einstellungen ihnen gegenüber beeinflussen. Eine Katze kann ihrem Besitzer eine Menge Wissen über Katzen «vermitteln». Ein

Hund kommt nicht umhin, seinen Besitzer ständig «erfahren zu lassen», wie Hunde nun mal sind.

Haustiere als Heiler

In den vorangegangenen Abschnitten dieses Kapitels haben Sie gesehen, wie Haustiere in den verschiedenen Rollen auf vielfältige Weise zu unserem Wohlbefinden beitragen. Miesmacher, Intriganten oder andere miese Rollen, wie wir sie von den Bühnen dieser Welt, aber auch aus dem Alltag kennen, kommen bei ihnen nicht vor.

Viele Menschen erfüllen sich mit ihren Tieren Herzenswünsche. So kann es nicht verwundern, daß Haustiere heilsame Einflüsse auf Körper und Geist ausüben. Das haben Menschen zu allen Zeiten und in allen Kulturen gewußt und genutzt. Insbesondere Hunde galten bei den Ägyptern und Griechen des Altertums als heilbringend. Dort wurden sie regelrecht als Heiler eingesetzt. Das Belecken eines erkrankten Körperteils galt als Therapie.

Wir modernen Menschen haben vor 20 Jahren erste wissenschaftliche Untersuchungen angestellt, in denen bewiesen wurde, daß die Haltung von Haustieren sich deutlich positiv auf die menschliche Gesundheit auswirkt, Genesungsprozesse beschleunigt, Leben verlängert. Ich habe bereits erwähnt, daß es in Amerika erste Anwendungen dieser inzwischen vielfach bestätigten Befunde gibt. Daß es diese Effekte gibt, ist unbestreitbar, wie sie zustande kommen, davon handeln die folgenden Abschnitte.

Haustiere sind ein Stück Natur – mitten in unserem Heim. Ihr bloßer Anblick kann uns beruhigen.

Niemals kommen sie uns mit Problemen, es sei denn, sie sind wirklich krank. Stets sind sie bei der Sache. Wenn sie uns anschauen, sehen sie uns wirklich an; nicht so, wie wir das in eingefahrenen Beziehungen als flüchtigen Blick kennen. Es ist entspannend, sie anzufassen, das weiche

Fell zu spüren, mitzukriegen, wie sie es ungeniert genießen. Es tut gut, an ihrer unbekümmerten Kreatürlichkeit teilzuhaben. Selbst in der «Blitzableiterrolle» nehmen sie ihren Besitzern negative Energien ab. Wenn man sich mit ihnen beschäftigt, fällt es schwer, sich depressiven Gedanken hinzugeben.

Tiere sind ein Stück Lebenskraft. Wer seine Seele nicht vollkommen eingemauert hat, bekommt etwas davon ab, sobald er sich ihnen zuwendet.

Selbstverständlich können menschliche Partner oder Freunde all das auch für uns tun, aber diese Beziehungen gestalten sich meist deutlich aufwendiger. Außerdem sind wir hier gerade dabei, uns näher anzusehen, was Tiere für uns leisten können und wie sie das fertigbringen.

Tiere gehen **unkompliziert** und **vorbehaltlos** an uns heran. Sie sind auch selten gestreßt, gelten als wahre **Entspannungskünstler**. Einiges davon überträgt sich auf uns. Sie führen uns Fähigkeiten vor Augen, die vielen von uns verlorengegangen sind. Die Folge davon sind Menschen, die zunehmend psychosomatisch erkranken. Vorsichtig geschätzt, kann man davon ausgehen, daß 30 % aller Patienten von Hausärzten und Internisten unter Symptomen leiden, die keinerlei körperliche Ursachen haben!

Bei unseren Haustieren können wir diese dramatische Zunahme von Zivilisationskrankheiten nicht beobachten. Die «machen» das einfach nicht mit. Rheuma, Rückenleiden, Allergien, nervöse Beschwerden aller Art haben bei ihnen nicht zugenommen, obwohl sie den gleichen Umweltbelastungen ausgesetzt waren wie wir.

Tiere brauchen keine Gurus, die ihnen ihre innere Mitte zeigen – sie sind mittendrin. Um sie neurotisch zu machen, muß man schon zielgerichtet vorgehen. Wissenschaftlern ist es allerdings gelungen, Hunde so zu «behandeln», daß sie anschließend als neurotisch bezeichnet werden konnten. Sie haben ihnen einfach gleichzeitig Futter und Elektroschocks verabreicht. Normalerweise bleiben unsere Haustiere dagegen selbst dann psychisch intakt, wenn Herrchen oder Frauchen neurotisch sind.

Wir leben in einer Zeit, in der eingreifende Veränderungen immer schneller erfolgen. Was früher Generationen dauerte, erlebt heute jeder einzelne von uns mehrmals in seinem Leben. Da ist das oft mühsam erworbene Wissen plötzlich überholt, Arbeitsplätze gehen verloren oder müssen öfter gewechselt werden, Ehen zerbrechen, Wohnorte müssen verlassen werden. Ein allgemeiner Werteverfall wird allenthalben beklagt, und über allem schweben globale Umweltbedrohungen.

Die Menschen ziehen sich ins Privatleben zurück. Befriedigende Sozialkontakte und Geborgenheit sind Mangelware. Heute kann man von seinem Wohnzimmer aus einkaufen, Bankgeschäfte erledigen, über PC und Telefon mit Gott und der Welt kommunizieren, ohne einem konkreten Menschen wirklich begegnen zu müssen. Experten sind sich darin einig, daß wir an solche Lebensbedingungen genetisch nicht angepaßt sind. Da unterscheiden wir uns wenig von den Steinzeitmenschen, die in überschaubaren sozialen Verbänden lebten und über viele Jahrtausende hinweg weniger Umwälzungen in ihren Lebenumständen erfahren mußten als wir heute in wenigen Jahren. Haustiere sind da oft das einzige im Leben ihrer Besitzer, was ihnen verläßlich erhalten bleibt. Mit ihnen kommuniziert man von Angesicht zu Angesicht.

Bei der gesundheitsfördernden Wirkung der Haustiere auf ihre Besitzer handelt es sich nicht um ein Wunder. Wir müssen nichts Übernatürliches zur Erklärung dieser Phänomene bemühen, denn Tiere gehören oft zu dem Natürlichsten, mit dem Menschen sich umgeben, und so wirken sie auch. Mir ist kaum ein «Naturheilmittel» bekannt, dessen Wirkungen auf unsere Gesundheit so einleuchtend sind wie die der Haustiere. Ihre Wirkung erklärt sich aus den Wurzeln unseres Seins, aus unserer Säugetierherkunft.

Praktische Anwendungsfelder

Psychisch kranke Menschen profitieren von der Unkompliziertheit, mit der Haustiere offen auf sie zugehen. Ihr Vertrauen erlaubt es den Patienten, sich selbst zu vertrauen. Mit ihrer Unbefangenheit laden sie Menschen dazu ein, sich ihren eigenen Gefühlen zu öffnen. Psychotischen Patienten und autistischen Kindern gelingt es Tieren gegenüber leichter, einen angstfreien Kontakt aufzubauen und soziales Verhalten zu erproben.

In der Arbeit mit geistig Behinderten wirkt sich die Direktheit und Unkompliziertheit von Tieren günstig auf deren Entwicklung aus. Diese Menschen sind oft durch Sprache und Verhalten der Erwachsenen überfordert. Tiere sind geduldiger, ihre Rückmeldungen eindeutiger. Ein geistig behinderter Mensch hat bessere Chancen, diese Rückmeldungen erfolgreich umzusetzen. Das Tier «zeigt» ihm, wenn er etwas falsch macht, und «belohnt» ihn, wenn es richtig war.

Bewährt haben sich Einrichtungen für jugendliche Straftäter und Drogenabhängige, die wie kleine, sich selbst versorgende Bauernhöfe geführt werden. Dort kümmern die Jugendlichen sich um Tiere und Landwirtschaft. Im Umgang mit den Tieren lernen sie verantwortliches Handeln und Vertrauen in die eigenen Fähigkeiten.

Ihre Vorerfahrungen mit anderen Menschen haben diese Jugendlichen oft äußerst mißtrauisch werden lassen. Therapeuten haben es da oftmals schwer, einen echten Zugang zu ihnen zu finden. Mit ihren Tieren fühlen sie sich sicher. Die kommen ihnen nicht mit «gutgemeinten» Ratschlägen oder erhobenen Zeigefingern. Ganz allgemein gilt, daß Kinder und Jugendliche im praktischen Umgang mit Tieren die Bedeutung gewisser sozialer Regeln und gesellschaftlicher Tugenden leichter lernen. Es ist eben ein himmelweiter Unterschied, ob da ein lebendiges Tier ist, von dem man weiß, daß es Hunger hat und das zu versorgen ist, oder ob in Kirchen, Schulen oder Elternhäusern in abstrakten Formulierungen Tugenden wie verantwortliches Handeln, Zuverlässigkeit oder Fürsorge vermittelt werden.

In Alten- und Pflegeheimen spielen Tiere eine segensreiche Rolle. Für die Bewohner stellt ihre Gegenwart in ihrem oft tristen Alltag eine willkommene Abwechslung dar. Das Personal hat meistens keine Zeit, über die medizinische Versorgung hinaus mit den Bewohnern etwas zu unternehmen.

«Heimtiere» haben Zeit für die Alten. Völlig ungerührt von deren körperlichen oder geistigen Einschränkungen gehen sie auf die alten Menschen zu und nehmen sich an Zuwendung, was sie kriegen können. Oft herrscht bei Heimbewohnern eine bedrückende Einsamkeit und Sinnleere. Hunde, Katzen oder andere Haustiere wirken da wahre Wunder. Mit wenig Aufwand könnte das Befinden der Menschen in solchen Einrichtungen deutlich verbessert werden. Beispiele einer derartigen Humanisierung in der Altenpflege bestätigen das.

In allen genannten Beispielen können Tiere deshalb hilfreicher als Menschen sein, weil sie anders sind als Menschen.

Nebenwirkungen

Natürlich können Haustiere erkranken und Krankheiten übertragen. Bei letzterem handelt es sich im wesentlichen um Parasiten. Menschen können sich z. B. mit Toxoplasmose-Erregern infizieren. Viele von uns sind davon befallen, auch wenn sie keine Tiere halten. Die meisten bemerken es nicht einmal. Aufpassen müssen da schwangere Frauen. Eine frische Infektion kann das Kind schädigen.

Wirklich gefährlich werden kann uns lediglich der Hundebandwurm, für den wir Menschen als Zwischenwirt dienen. Er wird durch direkten Kontakt mit Hundekot übertragen. Die sichtbaren Bandwurmglieder oder Eier müssen von uns oral aufgenommen werden. Der aufmerksame Hundebesitzer wird am Verhalten seines Tieres eine mögliche Bandwurmerkrankung erkennen. Die Hunde «rodeln» nämlich mit ihrem Hinterteil auf dem Boden, «wahrscheinlich» weil es juckt. Bei uns infizieren sich nur sehr selten Menschen mit diesem gefährlichen Wurm, dessen Larven in unserem Körper eine tödliche Gefahr bedeuten können.

Ein ganz anderes Risiko liegt in der Tatsache, daß Hunde beißen können. 3000 Briefträger erfahren dies jährlich. Wenn Sie nicht wollen, daß Ihr Hund so etwas tut, müssen Sie ihn sozial verträglich erziehen. Bedenken Sie dabei, daß Ihr Hund es Ihnen anmerkt, wenn Sie bloß denken, daß auf Ihrem Grundstück grundsätzlich niemand außer Ihrer Familie etwas zu suchen hat. Es genügt nicht, wenn Sie Ihrem Hund verbieten, auf bestimmte Fremde loszugehen. Die allermeisten Hundebesitzer erziehen ihre Hunde zu friedfertigen Tieren. Sie brauchen dazu keine besondere Anleitung.

Selten sind Überfälle auf Familienmitglieder. In der Regel sind die Besitzer maßgeblich daran beteiligt, wenn ein Hund zu diesem Mittel greift. Die allermeisten Hunde haben keine Probleme «anzuerkennen», daß sie alle Familienmitglieder als ranghöhere Rudelmitglieder zu behandeln haben. Aber es gibt Familienstrukturen, die entsprechende Hunde dazu «verführen», einen Aufstieg in der Hierarchie zu versuchen.

Wer sich einen Kampfhund ins Haus holt und ihn vielleicht auch noch auf Mannsschärfe trainiert, darf sich nicht wundern, wenn er das irgendwann umzusetzen versucht. Manchmal genügt es schon, wenn ein Halter seine Frau oder die Kinder respektloser behandelt als seinen Hund. Der Hund merkt das, fühlt sich überlegen und versucht sich zu behaupten. Bei unklaren Rangbeziehungen muß ein Hund versuchen, diese für sich zu entscheiden, notfalls auch unter Einsatz seiner Waffen. Bei einigen Rassen kann es durchaus vorkommen, daß sie ernsthaft versuchen, die Alphaposition zu erringen, auch ihrem Herrn gegenüber. Nicht umsonst wurden sie viele hundert Jahre auf Angstfreiheit, gepaart mit sozialem Expansionsdrang, gezüchtet. Man sollte solche Tiere nicht mit Kleinkindern allein lassen.

Nicht ganz so gefährlich sind die sogenannten Angstbeißer. Das sind Hunde, die von ihren Besitzern mit übermäßiger Härte be- oder mißhandelt werden. Sie verhalten sich dann so wie Wölfe auf der untersten Rangstufe. Bei jeder Annäherung eines Artgenossen erwarten sie, gebissen zu werden. Um dies abzuwehren, schnappen sie um sich. Allerdings nicht annähernd so entschlossen und kraftvoll wie ein angstfreier, hoch aggressiver Kampfhund.

Bis auf solche Ausnahmen haben Menschen ihre Hunde von Beginn an auf Verträglichkeit ausgelesen. Tiere, die sich gegen ihre Besitzer aufgelehnt haben, sind zu allen Zeiten getötet worden. So haben wir normalerweise Hunde, die eine hohe Bereitschaft mitbringen, sich unterzuordnen, die weder besonders territorial noch aggressiv sind. Im Vergleich zu Wölfen bleiben sie ein Leben lang welpenhaft. Besitzern von Hauskatzen bleiben solche Risiken naturgemäß erspart. Die tragen höchstens einmal kleine Kratzer davon.

Katzen und Hunde als Versuchstiere

Auch das gibt es. In Forschung und Wissenschaft wird nicht davor zurückgeschreckt, der Menschen Lieblinge als Versuchstiere zu verwenden. Jeder Biologiestudent muß im Rahmen seines Studiums auch an Säugetieren Experimente durchführen. In aller Regel handelt es sich dabei um Ratten und Mäuse, manchmal müssen auch andere Arten dran glauben. Hunde und Katzen kommen an der Universität nicht zum Einsatz. Es gibt jedoch Labors, die bestimmte Fragestellungen an Hunden und Katzen erforschen.

Mein Verhältnis dazu war immer gespalten. Habe ich als junger Wissenschaftler doch auch mit Versuchstieren gearbeitet. Bei mir handelte es sich um Fische und Ratten. Damals gab es zu Tierexperimenten keine Alternativen. Der Erkenntnisdrang war größer als ethische Bedenken. Was ich stets sichergestellt habe, war, daß meine Versuchstiere nicht leiden mußten. Bei aller wissenschaftlichen Neugier, mit Katzen und Hunden hätte ich die Experimente nicht durchführen können. Da leben Katzen mit in den Schädel eingepflanzten Anschlüssen, durch die gezielt Elektroden oder Chemikalien an bestimmte Hirnorte gebracht werden können. Anläßlich eines Kollegenbesuches habe ich die Hunde aus dem Kellergeschoß des Institutes bellen hören. Trotz einer Einladung des Professors, von dem ich eine wichtige Information benötigte, habe ich davon abgesehen, mir seine Versuchstiere anzusehen.

Die überwiegende Mehrzahl der tierexperimentellen Untersuchungen sind an Ratten und Mäusen vorgenommen worden. Damit haben wir Menschen weniger Probleme. Die meisten von uns mögen diese kleinen Nagetiere ohnehin nicht sehr. Wie aber begründen Wissenschaftler es vor sich selbst und nach außen, wenn sie Versuche mit Hunden, Katzen oder gar Affen durchführen? Da heißt es

z. B.: Wenn wir etwas über das Verhalten dieser Tiere erfahren wollen, kommen wir nicht umhin, mit genau diesen Arten zu experimentieren, auch mit Eingriffen in ihre Körper und Gehirne. In der medizinischen Forschung kann immer argumentiert werden, daß es letztlich um die Erhaltung menschlichen Lebens geht. Es gibt auch den Standpunkt, daß Hunde und Katzen genauso Tiere sind wie Kühe, Schweine oder Hühner, und da muß ja auch keiner Begründungen abgeben, warum er die züchtet, um sie zu schlachten.

Zugegeben, es gab faszinierende Einzelbefunde über die Funktionsweise der untersuchten Tiergehirne. Man kann jedoch nicht sagen, daß diese Experimente die Wissenschaft sehr viel weitergebracht hätten. Auch zum Verständnis der Tiere haben sie nicht unbedingt durchbruchartig beigetragen. Ich will diese Diskussion hier nicht weiter verfolgen, sie würde uns schnell zu weltanschaulichen und philosophischen Fragen führen, die mit der normalen Tier-Mensch-Beziehung nicht mehr viel zu tun haben.

Ich habe es sehr begrüßt, als Mitte der achtziger Jahre Tierschutzbeauftragte an den Instituten eingestellt wurden. Jedes wissenschaftliche Vorhaben, bei dem Tiere eingesetzt werden sollten, mußte dem Tierschutzbeauftragten vorgestellt werden. Dieser hatte über Art und Umfang der Tierexperimente mit zu entscheiden. Ich bin sehr dafür, diese Stellen so auszustatten, daß deren Inhaber die notwendige Kompetenz und Befugnis haben, überflüssige Experimente zu verhindern und über Art und Anzahl der benötigten Versuchstiere zu entscheiden. Bei dem Ehrgeiz junger Wissenschaftler und etablierter Lehrstuhlinhaber ist das allerdings eine heikle Aufgabe

Viele Experimente, etwa im Bereich der pharmakologischen Forschung, lassen sich auch an Geweben durchführen. Es gibt diese Methoden. Leider sind solche Projekte nicht mit dem Aufwand unterstützt worden, der ihnen angemessen wäre. Ich finde, wir haben eine moralische Verpflichtung, nach Modellen und Methoden zu suchen, die Experimente an Tieren überflüssig machen. Ich denke da beispielsweise an die qualvollen dermatologischen Tests an Tieren für zweifelhafte Kosmetika.

Zu der Zeit, als ich noch selbst mit Versuchstieren arbeitete, beeindruckte mich eine Freundin mit folgender Frage, die sie als Feststellung meinte: «Mit welchem Recht schlachten wir Millionen Tiere ab, nur um ein paar Erkenntnisse zu gewinnen?» – Ich kann mich nicht entsinnen, was ich ihr damals geantwortet habe.

Haustiere als ein Stück heile Welt

Wer kennt sie nicht, die Sehnsucht nach der heilen Welt, einer Welt, in der die Natur noch in Ordnung ist? Natur, das sind Pflanzen, Tiere und Menschen – allesamt Gottes Geschöpfe. In der das Leben in eher beschaulichen Bahnen verläuft, die Umwelt gesund ist.

Viele von uns vermissen das schmerzvoll. Millionen suchen *es* Wochenende für Wochenende auf ihren Fahrten ins Grüne. Tier- und Naturfilme haben Hochkonjunktur. Elementare Bedürfnisse liegen dem zugrunde. Insbesondere Menschen, die in Großstädten leben, verspüren zeitweilig das Verlangen nach Naturerlebnissen. In zahlreichen Vor- und Schrebergärten versuchen sie, etwas davon zu leben. Kaum jemand, der seine Wohnung nicht mit Pflanzen begrünt.

Katzen und Hunde beleben Heime naturgemäß intensiver als Topfpflanzen. Wir haben sie ständig bei uns, pflegen einen vertraulichen Umgang mit ihnen. So mancher mag davon träumen, wie es wäre, mit der gesamten Natur so einvernehmlich zu leben. Jedenfalls müssen Tierbesitzer sich nicht ins Auto setzen und einen Zoo oder Wildpark besuchen, um Tieren nahe sein zu können. Das haben sie zu Hause besser, bequemer und viel persönlicher. Kein Zaun trennt uns von unserem «Haustiger» bzw. «Wolf». Vom Fenster aus können wir zusehen, wie unser Katerchen zum Raubtier wird. Lag er eben noch wie ein Kuscheltier auf unserem Schoß, so befindet er sich jetzt in der «freien Wildbahn». Hier wendet er angespannt die Ohren bestimmten Geräuschquellen zu, schleicht, verharrt, oder er rast überschwenglich einen Baum hinauf.

Begleitet mein Hund mich auf einer «Pirsch», so fühle ich mich der Natur verbundener als ohne ihn. Gerne schaue ich ihr zu, wie sie sich im Gelände bewegt. Hält sie inne, weiß ich, da ist etwas. Ich kann sehen, ob sie etwas hört, riecht oder erspäht. Gemeinsam mit einem echten Nachfahren des Wolfes streife ich durch Wiesen und Felder. Das sind Momente, in denen ich mich im Einklang mit der Natur befinde.

Was bedeuten wir ihnen?

Was Tiere uns bedeuten, war Gegenstand des letzten Kapitels – jetzt schauen wir von der anderen Seite auf die gleiche Frage. Wir können unsere Tiere natürlich nicht fragen, aber aus ihrem Verhalten uns gegenüber läßt sich ermessen, wie sie uns wohl ansehen, welche Rollen wir für sie spielen.

Das Spektrum der möglichen Rollen ist bei Katzen und Hunden wahrscheinlich begrenzter als bei uns. Wären sie fähig, Drehbücher zu schreiben, die eine oder andere deftige Geschichte käme da bestimmt heraus. Ich will diese reizvolle Idee hier nicht zu weit ins literarische ausweiten, aber ich könnte mir vorstellen, daß solche «Stücke», würde es sie denn geben, vielleicht ein wenig an Aufführungen auf Volksbühnen erinnern könnten. Leider, oder vielleicht glücklicherweise, fehlen unseren Hausgenossen einige der Fähigkeiten, die es braucht, um schreiben zu können und Bühnenstücke aufzuführen.

Keine Frage, liebe Leserin, lieber Leser, daß Tiere da in ganz unterschiedlichen Rollen, mit verschiedenen Bedeutungen und Charakteren, auftreten würden. Anti- und Sympathie kennen wir von Hunden und Katzen auch im «wirklichen» Leben. Ganz bestimmt kämen Tiere, einschließlich des Menschen, in folgenden Rollen vor: als Beutetiere, Freßfeinde, Nahrungskonkurrenten, Reviernachbarn, Konkurrenten, Sexualpartner und Kumpane. Eltern und Geschwister haben großen Einfluß auf die Entwicklung von Katzen oder Hunden und würden eine zentrale Rolle einnehmen.

Vom Todfeind bis zum besten Freund

Das Verhalten von Wildhunden, Wölfen oder Wildkatzen in der freien Natur kann uns möglicherweise weiterhelfen, die Frage zu beantworten: Was bedeuten wir ihnen? Zunächst würde uns auffallen, daß wir größte Mühe hätten, diese überhaupt zu Gesicht zu bekommen; auch dort, wo sie noch vorkommen. Die flüchten nämlich, sobald sie Menschen wahrnehmen. Niemand wird bestreiten, daß sie das deshalb tun, weil sie uns als tödliche Gefahr ansehen. Ausschließlich dieser Sichtweise verdanken diese Wildtiere ihr Überleben. Ihre Mütter bringen ihnen frühzeitig bei, daß sie vor Menschen bedingungslos flüchten müssen.

Es gibt Regionen auf dieser Erde, die so entlegen oder lebensfeindlich sind, daß Menschen dort über lange Zeiträume nicht auftauchten. In solchen Landschaften verhalten sich die gleichen Tierformen völlig arglos, wie wir das etwa von Filmen über die Galapagosinseln kennen. Diese weit im Pazifik gelegenen Inseln wurden erst spät von Naturkundlern besucht. Diese berichteten ergriffen von paradiesischen Zuständen, in denen sie sich den völlig furchtlosen Tieren nähern, sie gar anfassen durften. So ähnlich muß es wohl im Garten Eden zugegangen sein.

Wo Menschen waren, konnten nur solche Individuen überleben, die uns schnell genug als Feinde erkannt hatten. Dieser Selektionsprozeß wurde durch die Erfindung von Fernwaffen dramatisch verschärft. Wölfe, Luchse und Wildkatzen wurden in vielen Regionen vollständig ausgerottet.

Fast entgegengesetzt reagieren Vertreter dieser Wildtiere, begegnen sie uns als Haustiere. Sie laufen auf uns zu. Als solche wurden sie von Müttern «erzogen», die bereits mit Menschen aufgewachsen sind. In der Regel gelangen Tierkinder sehr früh zu ihren Besitzern. Wer auch immer in dieser Zeit in ihrer Nähe ist und sich um sie kümmert, wird wie eine Mutter behandelt. Klingt das vielleicht zu einfach, um wahr zu sein?

Es ist das Ergebnis eines einfachen und sinnvollen Lernvorganges, den man bei allen höheren Tieren vorfindet. Wer sonst hat im Nest oder im Bau etwas zu suchen, bringt Futter, wärmt usw. – (meist) nur die Mutter. Bei allem «Sicherheitsdenken» verhält die Natur sich stets sehr ökonomisch. Das «Wissen» darüber, wer Artgenosse ist und welche Merkmale dieser im einzelnen aufzuweisen hat, wird nicht genetisch verankert, sondern erlernt. Alle dafür notwendigen Informationen im Erbgut festzulegen wäre sicher ein aufwendiger und irrtumsträchtiger Prozeß.

Die Evolution bedient sich da der schlichten Tatsache, daß Säugetiere von der Mutter geboren, Vögel von ihr ausgebrütet werden. Was sich in den ersten Tagen und Wochen wiederholt in unmittelbarer Nähe der Tierbabys bewegt, ist ihre Mutter. Die Kleinen lernen, wie sie aussieht und wie ein Artgenosse sich verhält. Diese angeborene «Rollenzuweisung» führt dazu, daß unsere Hausgenossen uns als ihre Eltern, zumindest als Artgenossen ansehen müssen. Fortan wenden sie alle auf Artgenossen gerichteten Verhaltensweisen auf uns an. Verhaltensforscher nennen diesen Vorgang **Prägung**.

Die Forschungsergebnisse zu diesem existentiellen Vorgang zählen zu den bedeutendsten der biologischen Wissenschaften. Sie verraten uns etwas darüber, wie die Natur eines ihrer wichtigsten Probleme mit genialer Einfachheit löst. *Einstein* sagte einmal:

«Alles sollte so einfach wie möglich gemacht werden, aber nicht einfacher.»

Für Ihren Hund sind Sie ein Hund. Da Sie ihm überlegen sind, sind Sie sein Leitwolf. Sie entscheiden, wann geruht, gefressen, gespielt oder «gejagt» wird. Als Rudelführer können Sie (aus der Sicht Ihres Hundes) alle sozialen Rollen einnehmen, die bei Wölfen vorkommen. Übrigens, auch im richtigen Wolfsrudel haben die rangniedrigen Tiere ein «Mitspracherecht». Von Haus aus ist Ihr Hund also nicht an «Kadavergehorsam» gewöhnt. Echte Leitwölfe sind nämlich lange nicht so «selbstherrlich», wie Menschen sich das oft vorstellen.

Ein Rudel in der freien Wildbahn kann es sich nicht erlauben, dem Führer bedingungslos, ohne Rücksicht auf Verluste, zu folgen. Es kommt sehr wohl vor, daß sich ein Leitwolf nicht durchsetzt, wenn andere eine Gefahr für das Rudel wittern. Schade, daß menschlichen Herrschern diese alte «Säugetiertugend» nicht immer zur Verfügung steht.

Für Ihre Katze sind Sie eine Katze; und zwar ein besonders tolles Exemplar. Viel freundlicher und toleranter als all die anderen (richtigen) Katzen. Für die meisten Katzen beherrschen Sie das ganze Repertoire, auch die anspruchsvollsten Rollen perfekt. Sehr entspannend wirken Sie vor allem in der Rolle des Kumpanen. Aber auch in der Mutterrolle sind Sie kaum zu überbieten. Eine Familienserie aus der «Kralle» einer Katze wäre in allen Hauptrollen mit Ihnen besetzt. Die Rollen des Sexualpartners und des Kindes würde sie allerdings von einem vierbeinigen Artgenossen spielen lassen. Die des Raufboldes, falls die überhaupt vorgesehen wäre, möglicherweise auch.

Menschen identifizieren sich mit ihren Haustieren. D. h., **zuweilen tun wir so,** als wären wir ein bißchen wie eine Katze, wie ein Hund. Dann sprechen wir mit ihnen wie mit Artgenossen und behandeln sie so. Niemand hält sie wirklich für Artgenossen bzw. sich für eine Katze, einen Hund. Er würde wohl nicht lange frei herumlaufen. Man würde ihn für verrückt halten.

Katzen und Hunde **halten uns tatsächlich für ihresgleichen,** und entsprechend handeln sie. Sie weisen uns die jeweiligen Rollen nicht zu, aber unbeabsichtigt animieren sie uns dazu, die eine oder andere einzunehmen. Und wenn sie uns in der richtigen Stimmung antreffen, machen wir gerne mit.

Katze oder Hund?

Wissen Sie, lieber Haustierhalter, warum Sie sich für einen Hund bzw. eine Katze entschieden haben? Haben Sie jemals darüber nachgedacht, was es war, das Sie zum Katzen- oder Hundefreund werden ließ? Oder ist es Ihnen eher so ergangen, daß Sie sich Hals über Kopf in Ihr Tier «verliebt» haben? Für Vorlieben dieser Art gibt es Gründe, auch wenn wir uns dessen nicht immer bewußt sind. Aus der Literatur sind einige Versuche bekannt, aufgrund der Entscheidung für eines der beiden Tiere eine Art Typologie der Halter zu erstellen – nach dem Motto: «Sind Sie ein Katzen- oder ein Hundetyp?»

Natürlich ist es vermessen zu glauben, man könne die Menschheit in zwei Kategorien aufteilen und damit umfassend beschreiben. Auch die zahlreichen, von akademischen Psychologen entwickelten Typologien sind durchweg nicht brauchbar, obwohl sie etwas differenzierter ausfallen. Sind wir doch alle grundsätzlich einmalige Wesen, versehen mit zahlreichen Merkmalen und Eigenschaften. Individuen, die den Typen entsprechen, sind die Ausnahme. Und so gibt es auch nicht *den* Katzentyp, nicht *den* Hundetyp. Ebensowenig kann man von *dem* Hund, von *der* Katze sprechen. Keine zwei Tiere sind gleich. Ein jedes hat seine ganz individuellen Eigenarten. Die bilden sich, nicht anders als bei uns, durch «persönliche» Erfahrungen heraus.

Gleichwohl haben wir Gründe, wenn wir uns für ein bestimmtes Tier entscheiden. Gründe, die etwas mit unserer Persönlichkeit zu tun haben. Fragt man einen Halter, warum er gerade dieses Tier ausgewählt hat, dann bekommt man oft folgende Antwort: «Der hat mich gleich so angesehen, als wollte er sagen: ‹Nimm mich mit.› Ja und da war es um mich geschehen. Das war Liebe auf den ersten Blick.» Was in einem solchen Falle die «Liebe» bewirkt hat, welche Verhaltensweisen, welcher Ausdruck, welche Wünsche und Sehnsüchte es waren, das wird nur ein professioneller Kommunikator herausfinden. Das ist dem «Verliebten» meist nicht bewußt.

Jemand anders hätte das Verhalten dieses Tieres nicht als unwiderstehlich empfunden, sondern vielleicht als aufdringlich. Es hätte ihn eventuell an eine bestimmte Person oder an ein Tier erinnert, das er nicht mag. Andere fanden *ihr* Tier einfach niedlich, süß, schneidig, aufgeschlossen, ruhig, stolz, lustig, schmusig, frech, kess, in sich ruhend, temperamentvoll, selbstbewußt, gelassen, elegant, athletisch, anmutig usw. (Die Liste ließe sich noch erheblich verlängern.) Es gibt nun einmal viele Eigenschaften, die Menschen bei Freunden und Haustieren gleichermaßen bevorzugen. Hier ist alles vorstellbar, was uns gefällt, und es beeinflußt unsere Wahl.

Was mich im Rahmen dieses Kapitels reizt, ist die Tatsache, daß es eine Menge Behauptungen gibt, die sich Hunde- und Katzenhalter immer wieder gegenseitig unterstellen. Manchmal stehen sich die «Parteien» derart unversöhnlich gegenüber, als ginge es darum zu beweisen, wer von beiden im Besitz der einzigen und endgültigen Wahrheit sei.

Vor kurzem sah ich eine Sendung im Fernsehen, in der der Moderator bestehende Vorurteile regelrecht dazu benutzte, um Hunde- und Katzenfreunde aufeinander zu hetzen. Es war eine lebhafte Sendung, in der die Gemüter sich vor einem Millionenpublikum ungeniert erregen durften. Aber auch ohne übertriebene emotionale Beteiligung assoziieren viele Menschen mit Hund und Hundehalter andere Eigenschaften als mit Katze und Katzenhalter.

Damit sind die Themen umrissen, die ich in diesem Kapitel behandeln möchte. Sie lauten: Erstens: Wie kommt es zu der Feindschaft, die Katzen- und Hundebesitzer oftmals gegeneinander hegen. Zweitens: Gibt es «Hunde-» und «Katzentypen» unter den Haltern? Drittens: Was sind die Gründe für die Wahl eines speziellen Hundes, einer speziellen Katze?

Wie kommt es zu dieser gegenseitigen Ablehnung?

Festhalten kann man zunächst, daß Hunde und Katzen eine Menge Unterschiede in ihrem Verhalten und in ihren «Lebensgewohnheiten» aufweisen. Wir haben das im Kapitel «Eine kleine vergleichende Verhaltensbiologie» näher betrachtet. Bekannt ist auch, daß beide Arten Schwierigkeiten mit der Verständigung haben. Sie «sprechen» völlig verschiedene «Sprachen». Sie alle kennen die Mißverständnisse, die daraus resultieren.

Andererseits gibt es genügend Beispiele dafür, wie Katzen und Hunde sich arrangieren, oftmals sogar gut miteinander auskommen. Katzen haben dann gelernt, daß den «wüsten» Annäherungsversuchen dieser großen Burschen kein Angriff folgt. Sie bleiben gelassen, weisen den stürmischen Hund höchstens mit einem Tatzenhieb zurecht, wie sie das mit aufdringlichen Artgenossen auch tun. Hunde lernen dadurch, sich diesen kleinen, flinken Wesen «respektvoller» zu nähern. Nebenbei bemerkt, könnte man sich auch die Frage stellen, ob die allenthalben behauptete, unüberbrückbare Feindschaft zwischen Hund und Katze nicht eine Folge menschlicher Vorurteile ist. Wie kommt es zu diesen Vorurteilen?

Abgrenzung – Konkurrenz

Bei allem, was uns wirklich wichtig ist, denken und handeln wir subjektiv. Kritik oder abwertende Bemerkungen über unsere vierbeinigen Lieblinge gehen uns nahe und können zu heftigen Reaktionen führen, gerade so, als ob es um unsere Kinder ginge. Wenn jemand sie nicht mag oder sich abfällig über sie äußert, fühlen wir uns gekränkt und lehnen den «Angreifer» meist heftig ab. Und ein weiteres Reaktionsmuster kann hier wirksam werden: Der Wert meines Tieres steigt, wenn der der anderen herabgesetzt wird, notfalls durch mich selbst.

Das funktioniert jedoch nur, wenn es sich um vergleichbare Tiere handelt. Kein Hunde- oder Katzenbesitzer konkurriert mit einem Aquarianer oder einem Schlangenliebhaber. Die Konkurrenz kann sich innerhalb der Arten, von Rasse zu Rasse, munter fortsetzen. Dann lästert der Besitzer einer Promenadenmischung über den Modehund und dessen Halter. Die Besitzerin einer majestätischen Perserkatze rümpft die Nase über den streunenden Hauskater des Nachbarn, hält sich und ihr Tier für viel kultivierter usw.

Selbstverständlich ist es völlig normal, wenn wir *unsere* Katze, *unseren* Hund intelligenter finden oder schöner, stärker, friedfertiger, edler oder witziger als andere Hunde oder Katzen. Wir haben uns ja nicht umsonst für dieses spezielle Tier entschieden. Vielleicht sind wir auch stolz auf sie oder ihn, und dann sehen wir es eben so. Ein «anständiger» Haustierhalter läßt doch auf seinen kleinen Freund nichts kommen. Bei alldem handelt es sich um die subjektive Sicht des Tierbesitzers. Bleibt das im normalen Rahmen, ist es Ausdruck der Bindung zwischen Mensch und Tier. Konkurrenz geht viel weiter, ist deutlich intoleranter, wertet ab, läßt andere Meinungen oder Sichtweisen nicht mehr zu.

Menschen benutzen dieses Überhöhungs- und Abgrenzungsinstrumentarium in vielen Zusammenhängen. Alles, was einen hohen Stellenwert hat, kann zum Imponieren verwendet werden. So kann man an Autos Aufkleber finden, auf denen die Fahrer vergleichbarer Marken manchmal geradezu verhöhnt werden. Freunde bayerischen Bieres bemitleiden norddeutsche Biertrinker und umgekehrt. Die Fans verschiedener Fußballklubs verprügeln sich gar, obwohl sie doch alle Fußball mögen und ohne «gegnerische» Mannschaften kein Spiel erleben könnten.

Bei einzelnen Zeitgenossen kann es dann so weit gehen, daß sie mit offenem Vergnügen zusehen, wenn ihre Hunde hinter Katzen herjagen, und stolz sind, wenn sie sie erlegen. Was gefällt denen daran? Brechen da etwa Urinstinkte hervor? Genießen die Besitzer das Gefühl der Überlegenheit ihres Hundes? Wenn Hunde dazu neigen, Katzen zu hetzen, ist das verständlich. Die folgen einfach ihrem Jagdinstinkt. Wie aber würde so ein «Tierfreund» wohl reagieren, wenn sein eigener Hund gejagt oder verletzt würde, etwa von einem «noch strammeren» Hund?

Die wenigsten Menschen besitzen sowohl Hunde als auch Katzen. In diesen Fällen gelingt nicht selten eine Freundschaft zwischen den «Erzfeinden». Zumindest tolerieren sich die beiden Tierarten. Damit ist bewiesen, daß beide Standpunkte in einer Familie harmonisch vereint sein können. Von der Toleranz der Tiere könnten manche Verfechter einschlägiger Vorurteile etwas lernen. Was Hunden und Katzen beim Umgang miteinander möglich ist, sollten wir Menschen grundsätzlich auch können.

Leider sind Vorurteile etwas spezifisch Menschliches. Wie Überzeugungen und Glaubensfragen sind sie einer Veränderung kaum zugänglich. Menschen sind millionenfach für ihre Überzeugungen, für ihren Glauben, für bestimmte Ideen gestorben. Außer dem «selbstmörderischen» Verhalten, mit dem Lemminge sich zu Hunderten zu Tode stürzen, ist mir kein Verhalten, kein Instinkt bekannt, der so absolut wäre, daß das Tier nicht die Möglichkeit hätte, es durch Gelerntes zu modifizieren. Die Vorurteile und Überzeugungen einer Gesellschaft sterben mit den Menschen, die sie hatten. Oft hat eine neue Generation erst dann die Chance, sich mit anderen Ansichten durchzusetzen.

Identifikation

Von dieser Fähigkeit ist an einigen Stellen in diesem Buch die Rede. Sie beinhaltet auch, daß man sich in andere, auch in Tiere, hineinversetzen kann. Das kann positive Konsequenzen für beide Seiten haben, es kann sich aber auch verheerend auswirken. Ist die Einfühlung zutreffend und wohlmeinend, wirkt sie sich verständnisfördernd und angenehm aus. Ist sie jedoch falsch oder basiert sie auf boshaften Unterstellungen, so führt das zu Mißverständnissen und Konflikten bis hin zu Feindseligkeiten.

Die überwiegende Mehrheit der Tierhalter hat eine «persönliche» Beziehung zu ihrem Tier und meint es gut mit ihm. Wie für ihre Kinder übernehmen sie Verantwortung für ihre kleinen Freunde. Niemals würden sie ihrem Tier etwas zuleide tun. Auf ihren Autos findet man manchmal Aufkleber, auf denen steht: «Ich bremse auch für Tiere.»

Nicht immer habe ich Lust, mit unserer Ronja hinauszugehen. Ich tue es, weil ich ihr nicht sagen kann, was ich meiner Frau z. B. sagen könnte, nämlich daß ich heute müde bin und bei dem Sauwetter wirklich keine Lust habe. Der Hund würde es nicht verstehen, und allein kann ich sie nicht laufen lassen. Also raffe ich mich auf, damit der Hund zu seinem Auslauf kommt und sein Ge-

schäft verrichten kann. Für jemand anders würde man so ein Opfer vielleicht nicht erbringen. Aber gerade das stärkt die Bindung.

Natürlich leiden wir auch mit, wenn unsere Haustiere sich verletzen, wenn sie krank sind oder von Menschen oder Rivalen schlecht behandelt werden. Ebenfalls können wir es schwer ertragen, wenn andere schlecht über sie reden. So weit, so gut. Das alles macht einen wesentlichen Teil der Beziehung zu unseren Haustieren aus. Übertriebenes Mitleiden und Mitfühlen kann jedoch dazu führen, daß man zwischen sich und eigenen Empfindungen einerseits und dem Tier und dessen Bedürfnissen und Empfindungen andererseits nicht mehr unterscheidet.

Was ich meine, kennen Sie vielleicht, wenn eine Ihnen nahestehende Person (Partner, Kind, FreundIn) angegriffen, kritisiert, beleidigt oder ungerecht behandelt wird. Als Zeuge eines solchen Geschehens reagieren viele Menschen sehr emotional, als ob sie es selbst wären, der da gerade so schlecht behandelt wurde. Genau das nennen Psychologen Identifikation. Wir schlüpfen quasi in die Haut, in das Fell unseres Identifikationsobjektes.

Das kann dann schwierig werden, wenn Tiere Dinge tun, die für uns nicht nachvollziehbar oder gar tabu sind. Dann wird einem übel, wenn der Hund Kot frißt, oder wir fühlen uns persönlich getroffen, wenn die Katze einen halbtoten Vogel ins Wohnzimmer schleppt, um ihn dort weiter peinigen zu können.

Im Kapitel «Haustiere als Sozialpartner» habe ich beschrieben, in welchem Ausmaß es Menschen möglich ist, sich mit Hausgenossen zu identifizieren. Das kann dazu führen, daß sie «Charakterzüge» ihrer Lieblinge übernehmen oder sich Tiere aussuchen, die in wichtigen «Persönlichkeitsmerkmalen» so sind wie sie selber. Sie kennen vielleicht die Aussage, daß Herr und Hund sich mit zunehmendem Alter immer ähnlicher werden (sogar äußerlich). Ein Phänomen, das es bei Katzen in ähnlicher Form auch zu geben scheint. Erst neulich hörte ich eine Dame sagen, daß sie sich eher den Eigenschaften ihrer Katze angleiche, als daß diese sich nach ihr richte.

Ist die Identifikation mit dem eigenen Hausgenossen groß genug, dann kann es passieren, daß ein Hundehalter Katzen ablehnt, weil sein Hund es tut; umgekehrt schimpft ein Katzenbesitzer vielleicht auf den Hund, der seinem Sammetpfötchen zu nahe tritt: «Der böse Hund da hat meine Katze bedroht.» Von diesem Vorwurf ist es nur ein kleiner Schritt, und der Besitzer wird zusammen mit seinem Hund verteufelt. Schließlich ist der ja verantwortlich. Der wiederum denkt möglicherweise: «Blöde Kuh, was läßt die auch ihre Katze hier frei herumstreunen und Vögel jagen. So etwas tut *mein* Hund nicht. Die muß doch wissen, daß Hund und Katze sich nicht vertragen.»

Daß das Verhalten, insbesondere des Hundehalters, großen Einfluß darauf hat, wie sein Hund auf Katzen reagiert, steht auf einem anderen Blatt. Deshalb möchte ich es an dieser Stelle einfügen. Wir wissen, daß Hunde ein feines Gespür dafür haben, welche inneren Prozesse in ihren Besitzern stattfinden. Besonders sensibel registrieren sie, ob ihr «Leitwolf» etwas anziehend oder abstoßend findet. Es hängt also sehr von der Einstellung des Halters ab, welche Erfahrungen sein Hund mit Katzen gemacht hat und wie er sich ihnen gegenüber verhält.

Ich kann meinen Hund so erziehen, daß er Katzen wie Artgenossen ansieht und ihnen freundlich begegnet, so wie ich es ihm vormache. Ich kann ihn aber auch auf Katzen hetzen, als seien es Beutetiere oder Feinde.

Umgekehrt können sich die Ängste und Vorurteile von

Katzenhaltern sehr wohl auf deren Tiere übertragen. Katzen sind zwar autonomer als Hunde, daß wir sie dennoch beruhigen können, erfährt man spätestens im Wartezimmer eines Tierarztes.

Schlechte Erfahrungen

Schlechte Erfahrungen muß man nicht immer am eigenen Leib erlitten haben. Es genügt, wenn eine bedeutsame Person einem glaubhaft macht, daß Hunde gefährlich oder Katzen tückische Biester seien. Das kann bereits dazu führen, daß man diesen Tieren mit Vorurteilen entgegentritt. Und wie so oft bei Vorurteilen, man wird sie bestätigt finden.

Vorlieben, aber auch Abneigungen und Ängste werden oftmals frühzeitig von den Eltern auf die Kinder übertragen. So übernimmt ein Kind die Angst der Mutter vor großen Hunden, indem es erlebt, wie die Mutter sich gegenüber bestimmten Hunden ängstlich verhält. Das kann ein Kind lebenslang prägen und führt dazu, daß es ebenfalls ängstlich an große Hunde herangeht. Hunde spüren das und reagieren darauf unter Umständen unfreundlich. Fortan wird das Kind vermehrt Angst haben, hat es jetzt doch tatsächlich eine schlechte Erfahrung gemacht.

Nun soll man Hunden nicht zeigen, daß man Angst hat – heißt es. Leicht gesagt, wenn einem «das Herz in die Hose gerutscht ist». Verstellen hat auch wenig Sinn – Hunde merken das. Weglaufen soll man erst recht nicht. Das löst ziemlich zuverlässig Verfolgen aus. Und flugs hat er einen erreicht und bellt einen vielleicht auch noch bedrohlich an. Die Angst wird größer, das Kind schreit, die Situation eskaliert. Der Schreck sitzt tief. In Zukunft wird das Kind versuchen, solche Begegnungen zu vermeiden, was nicht immer möglich ist. Schlechte Erfahrungen führen häufig dazu, daß man sie öfter macht.

Ebenso kann eine Mutter oder ein anderer erziehender Erwachsener, der Katzen – warum auch immer – nicht mag, seine Abneigung auf Kinder übertragen. Aber auch ohne solche frühen Prägungen kann es passieren, daß man mit Katzen oder Hunden schlechte Erfahrungen macht. Gerade Kinder gehen manchmal «unbesonnen» auf Tiere zu. Sie wissen oft noch nicht, daß man einem Hund nicht ohne weiteres seinen Knochen abnehmen kann oder daß eine Katze es nicht «mag», wenn man sie knautscht wie ein Kuscheltier.

Auch Erwachsene, die vorurteilslos an Hunde oder Katzen herangehen, können negative Erfahrungen mit ihnen machen. Wenn ich z. B. sehr temperamentvoll bin und mich gerne laut und raumgreifend verhalte, habe ich bei vielen Katzen schlechte Karten. Die meisten Hunde reagieren positiv oder neutral darauf. Katzen suchen lieber das Weite. Einige kratzen sogar, wenn sie sich bedrängt fühlen. Ich mag sie nicht, weil sie mich nicht mögen. Entweder lerne ich, mich ihnen anders zu nähern, oder es bleibt eine lebenslange Abneigung bestehen. Offen bleibt, wie ich diese vor mir und anderen begründe. Ob ich die «Schuld» bei mir suche oder Katzen fortan für falsche Biester halte.

Kann man es sich mit Katzen dadurch leicht verderben, daß man sich ihnen zu schnell, zu burschikos nähert, so lädt ein übervorsichtiger oder ängstlicher Mensch einen Hund geradezu ein, sich seinerseits burschikos oder gar dominant zu verhalten. Im schlimmsten Fall beißt er dann sogar zu, weil er einen ängstlichen Menschen wie einen unterlegenen Wolf ansieht. Ganz ähnlich, wie in Wolfsrudeln die rangniedrigsten Tiere die Funktion des «Prügelknaben» zugewiesen bekommen. Das hat dann in aller Regel zur Folge, daß die Betroffenen die Besitzer solcher «Bestien» auch nicht mögen. «Wie kann man sich bloß so einen Hund halten. Und dann auch noch auf unbescholtene Bürger loslassen? – Verantwortungslos so was!»

Es ist oftmals schlichtes Unwissen über das Wesen der Tiere, das zu Vorurteilen und Aversionen führt.

Tiere können nicht falsch, hinterlistig, gut oder böse sein. Sie sind – ebenfalls vermenschlichend ausgedrückt – spontan, natürlich und kongruent. Im Umgang mit Tieren gibt es gewisse Regeln, die wir beachten müssen, wenn wir gute Beziehungen zu ihnen wünschen. Was mir gefällt, muß einem Hund oder einer Katze noch lange nicht behagen. Was Hunde gerne haben, muß eine Katze noch lange nicht mögen. Das ist in unseren zwischenmenschlichen Kontakten auch nicht anders.

Gleichwohl kann man es niemandem vorwerfen, wenn er negative Erfahrungen mit ihnen gemacht hat. Schließlich wird es weder in der Schule unterrichtet, noch gehört es zum staatsbürgerlichen Grundwissen, wie man sich Hunden oder Katzen gegenüber zu verhalten hat.

Natürlich darf ein Mensch Angst vor Hunden haben. Es ist auch nicht seine Schuld, wenn ein Hund ihn daraufhin unfreundlich anbellt. Der Hundehalter, der, nichts Böses ahnend, mit seinem sonst freundlichen Tier spazierengeht, kann aber auch nichts dafür. Er kann die Angst des Spaziergängers ja nicht «riechen». Er kann allerdings dafür sorgen, daß er seinen Hund schnellstmöglich unter Kontrolle bringt.

Was ich damit verdeutlichen möchte, ist, daß solche unerfreulichen Begegnungen (für beide Seiten übrigens) unvermeidlich sind – es sei denn, man würde Hunde verbieten. Das gelingt, wie Sie wissen, noch nicht einmal mit nachweislich gefährlichen Züchtungen. Auch Autos werden weiterhin gebaut, und zwar immer leistungsstärkere, obwohl jährlich Zehntausende Menschen dadurch sterben oder schwer verletzt werden.

Fassen wir die typische Reaktionskette von oben noch einmal zusammen:

Furcht vor Hunden kann dazu führen, angebellt oder gebissen zu werden. Kein Mensch läßt sich gerne als «Prügelknabe» behandeln. Verständlicherweise wird er eine schlechte Meinung von Hunden und ihren Besitzern haben. In Zukunft wird ein solcherart angegriffener Mensch mehr Angst vor Hunden haben. Hat er doch tatsächlich (wieder) eine schlechte Erfahrung mit ihnen gemacht. Die Wahrscheinlichkeit, neuerlich angebellt zu werden, steigt. Die Meinung, die ein solcher Mensch von Hunden und ihren Haltern hat, verfestigt sich.

Aber nicht nur wir Menschen können mit Haustieren schlechte Erfahrungen machen (und diese mit uns), das kann Katzen mit Hunden ebenso passieren. Wenn sie draußen frei herumlaufen, kommt es vor, daß sie von Hunden gehetzt werden. Gelingt es ihnen nicht rechtzeitig, sich in Sicherheit zu bringen, können sie gebissen oder gar getötet werden. Keine Frage, wie Katzenfreunde das finden. Umgekehrt kommt es aber auch vor, daß Katzen gelernt haben, sich zu stellen, und sich erfolgreich verteidigen. Dann tragen die Hunde eventuell Verletzungen davon. Die meisten Hundehalter haben dafür wenig Verständnis. Wie dem auch sei, Menschen können, sozusagen vermittelt durch ihr Tier, schlechte Erfahrungen mit beiden Arten machen.

Zusammenfassend kann man sagen: Schlechte Erfahrungen können wir mit allem machen, was uns begegnet. Je wichtiger uns etwas ist, desto größer kann die Enttäuschung geraten. Wo Sonne ist, da ist auch Schatten, heißt es. Es ist wie in Partnerschaften: Man liebt sich und ist glücklich. Man kann sich aber auch streiten und unglücklich miteinander sein. Fest steht, bei Streitereien und anderen zwischenmenschlichen Unbilden, haben fast immer beide Seiten ihre Anteile daran.

Das Klischee

Lassen Sie uns einmal anschauen, was Menschen eher mit Hunden, was eher mit Katzen verbinden. Die nachfolgende Tabelle gibt eine Auswahl wieder, wobei ich die bösartigsten Unterstellungen und Gleichnisse weggelassen habe:

HUND	KATZE
der Hund	*die* Katze
männlich	weiblich
hart, rauhbeinig	geschmeidig
offenherzig	geheimnisvoll
extravertiert	introvertiert
brauchbar	Luxus
gesellig	einzelgängerisch
gelehrig	eigensinnig
draufgängerisch	zurückhaltend
Kumpel	Partner
sportlich	elegant
athletisch	leptosom, anmutig
laut	leise
Rowdy	Gentleman, Lady
unterwürfig	selbstsicher
Hetzjäger	Schleichräuber
hierarchisch	gleichberechtigt
Nase	Auge
abhängig	unabhängig
Waffe	Zierde
fordernd	gewährend
Schoßhund	Schmusekatze

Es kommt sehr darauf an, an welchen Hund, an welche Katze Sie gerade dachten, als Sie obige Aufzählung lasen. Ob eine Zuordnung als passend empfunden wird oder nicht, hängt auch davon ab, ob ein Katzenfreund oder

-feind, ein Hundenarr oder Hundehasser das findet oder ob der Betreffende keine der beiden Tierarten bevorzugt. Sie wissen ja: «Liebe macht blind.» – Haß aber auch.

Wahrscheinlich geht es vielen Katzenbesitzern so, daß sie einige der «Hundeeigenschaften» auch an ihren Katzen erkennen, wie zum Beispiel «fordernd», «draufgängerisch», «Kumpel» usw. Umgekehrt können Hunde auch selbstsicher, elegant, zurückhaltend oder eigensinnig wirken. Es macht auch einen Unterschied, ob Sie an einen Neufundländer denken oder an einen Windhund, ob eine Siamkatze oder ein europäischer Grautiger vor Ihrem inneren Auge erscheint. Ob das Tier, an das Sie denken, jung oder alt ist usw. Es liegt in der Natur der Sache, daß man mit solchen Einschätzungen nie jedem Tier gerecht werden kann. Es handelt sich um verbreitete Meinungen, um Klischees. Manchmal ist was dran, meistens nicht.

In der Realität bestehen die Gegensätze ohnehin nie in der Absolutheit. Da gibt es immer fließende Übergänge. Stets kommt es auf den Standpunkt an. Ein Rottweiler gilt als kompakter, kräftiger Hund. Zu Recht, wie ich finde. Jede Katze wird dagegen als graziles Wesen empfunden. Trotzdem mag der Besitzer eines «Haudegens» von einem Kater sein Tier ebenfalls als kräftig und kompakt wahrnehmen.

Mensch und Katze – Mensch und Hund Unterschiede in den Beziehungen

Ich möchte die naturgegebenen Unterschiede zwischen Katze und Hund hier nicht wegdiskutieren. Die gibt es, und ich habe sie im Kapitel «Die Grundlagen der Tier-Mensch-Beziehung» ausführlich beschrieben. Natürlich wirken sich diese biologisch begründeten Unterschiede sichtbar auf die Beziehungen aus, die wir zu den jeweiligen Arten unterhalten.

Am augenfälligsten sind die Auswirkungen der Tatsache, daß Hunde soziale Tiere sind, mit ausgeprägten kommunikativen Fähigkeiten, Katzen dagegen Einzelgänger mit geringer Bereitschaft, sich anzupassen oder gar unterzuordnen. Mensch und Hund kann man überall gemeinsam antreffen. Der Hund folgt seiner «Bezugsperson», ob mit oder ohne Leine. Mensch und Katze trifft man dagegen nur im gemeinsamen Heim zusammen an. Draußen geht die Katze ihrer eigenen Wege. Dort bezieht sie sich kaum noch auf ihre «Bezugsperson», so innig der Kontakt zu Hause auch sein mag.

Hunde sind leichter zu erziehen

Hunde lernen eine Reihe von Kommandos. Die meisten Besitzer halten das für notwendig, um ihre Hunde, aber auch z. B. Auto fahrende Verkehrsteilnehmer nicht zu gefährden. Diese Befehle werden oft laut und in entsprechendem Tonfall gegeben: «Sitz!», «Komm!», «Halt!» oder «Aus!» Mit Katzen funktioniert das nicht. Die lernen zwar auch eine Menge; aber ob sie kommen, wenn sie gerufen werden, oder ob sie ihre momentane Aktivität fortsetzen, entscheiden sie von Fall zu Fall selber.

Katzenfreunde finden den militärischen Befehlston unangenehm, den manche Hundeführer sich angewöhnt haben. Sie haben gelernt, daß sie nicht kommandieren dürfen, wenn sie von ihrer Katze etwas wollen. Man hat vielleicht eine Chance, wenn es einem gelingt, sie zu locken. Eine verführerisch lockende Stimme klingt natürlich ganz anders als eine kommandierende. Das sind Unterschiede, die jedem außenstehenden Beobachter unmittelbar auffallen.

Ich erinnere mich noch genau, wie deplaziert es mir vorkam, als ich begann, meine Münsterländerhündin Jule zu erziehen. Man kommt zuweilen nicht umhin, die

Stimme in ungewohnter Weise zu erheben. Hat der Hund seine «Vokabeln» gelernt, genügt eine normale Stimmlage – aber auch dann nicht immer. Es kostet mich immer wieder Überwindung, meinen Hund anzuherrschen. Es nützt aber nichts, will ich verhindern, daß er in imponierender Schneidigkeit z. B. auf einen angeleinten Zwergpudel losgeht. Da muß ich mich eben durchsetzen. Das gehört nun mal zu den «Gesetzen des Rudels». Bei Katzen herrschen andere Gesetze. Sie erziehen ihre Besitzer eher zur Sanftmut.

Hunde lassen sich leicht lenken, machen (fast) alles mit. Bei Katzen muß Mensch sich einfühlen, auf sie eingehen. Sie bestimmen, was man mit ihnen tun kann und wie weit man dabei gehen darf. Es wäre falsch, daraus zu schließen, daß sie weniger lernfähig wären als Hunde. Im Zirkus können Sie erstaunliche Dressuren mit Großkatzen bewundern. Aber es erfordert großes Geschick und viel Zeit, diese Raubtiere zur Mitarbeit zu motivieren. Hunde bringen diese Motivation von vornherein mit. Ihre Bereitschaft, sich unterzuordnen, erleichtert die Erziehung.

Nebenbei, haben Sie schon mal Wölfe im Zirkus gesehen? Ich auch nicht. Obwohl ich nicht glaube, daß Wölfe für eine entsprechende Zirkusnummer nicht attraktiv wären. An mangelnder Lernfähigkeit kann es auch nicht liegen. Die ist bei Wölfen ähnlich entwickelt wie bei ihren domestizierten Verwandten. Eher vermute ich, daß sie zu unruhig und ängstlich sind, als daß sie sich in einer solchen Umgebung zur konzentrierten Arbeit anleiten ließen.

Den meisten Hundehaltern gefällt es, daß ihre Tiere so gelehrig sind und tun, was sie sagen. «Für seinen Hund ist jeder ein Napoleon», lautet ein Zitat von *Aldous Huxley* (zitiert nach *Peter Neville, Versteh deine Katze*, S. 12). Einige Besitzer brüsten sich gegenüber Katzenhaltern mit der überlegenen Intelligenz ihrer Tiere. Umgekehrt mögen Katzenfreunde es gerade gut finden, daß ihre Tiere nicht blindlings gehorchen, sehen darin deren souveräne Intelligenz und Charakterstärke. Nicht umsonst heißt es: Man kann Äpfel nicht mit Birnen vergleichen. Was als klug oder intelligent zu gelten hat, hängt davon ab, wer das beurteilt.

Katzen sind zurückhaltender

Ein weiterer Unterschied offenbart sich besonders in der Art und Weise, wie unsere Hunde oder Katzen uns nach längerer Abwesenheit begrüßen. Das vollzieht sich bei Katzen leiser und sanfter. Hunde sind da «hemmungslos». Da wird gejault, angesprungen, sich auf den Boden geworfen. Die bepinkeln sich regelrecht, als Ausdruck überschwenglicher «Freude». Insgesamt reagieren Hunde viel lebhafter, lassen sozusagen «ihren Gefühlen freien Lauf». Man sieht, hört und fühlt es deutlicher, als wenn Katzen dies tun. Hundefreunde mögen diese «Gefühlsausbrüche». «Niemand begrüßt mich mit einer derartigen Intensität und niemand gibt mir so glaubhaft das Gefühl, voller unbändiger Freude erwartet worden zu sein», sagte mir einmal eine Hundebesitzerin auf einem gemeinsamen Spaziergang. Und ist es nicht ein schönes Gefühl zu wissen, daß sie es wirklich ehrlich meinen?

Katzenfreunde bevorzugen die sanfte Art ihrer samtpfötigen Freunde, finden das «Gehabe» der Hunde und ihrer oft ebenso ungenierten Halter übertrieben. Gleichwohl vermitteln Katzen mit ihren schmusigen «Begrüßungszeremonien» ihren Besitzern ganz ähnliche Gefühle.

Tiere erregen unsere Phantasie

Wir Menschen können uns nicht nur mit unseren Hausgenossen identifizieren, wir können auch Eigenschaften oder Fähigkeiten in sie hineinsehen. Psychologen nennen das **Projektion**. Oftmals handelt es sich dabei um Wünsche oder Gefühle der Besitzer. Projektion und Identifikation sind der Stoff, aus dem Klischees sind. Jeder, der mit Tierfreunden umgeht, wird Beispiele dafür kennen, welch wunderbare Fähigkeiten stolze Tierbesitzer ihren Lieblingen zuschreiben. Immer wieder berichten die Medien von Hunden, die angeblich rechnen oder sprechen können. Es gibt sogar ein Buch, in dem «populärwissenschaftlich» beschrieben wird, daß Hunde intelligenter seien als ihre Herren oder Herrinnen. Die Autorin sieht bei den von ihr beobachteten Tieren Fähigkeiten, zu denen nur besonders hochentwickelte Menschen in der Lage sind.

Auf der anderen Seite gibt es aber auch sehr bösartige Unterstellungen wie z. B.: «Katzen sind falsch und stinken.» Oder: «Hunde sind unterwürfig, dumm und drekkig.»

Tiere erregen unsere Phantasie. Was dabei herauskommt, hängt von der Einstellung ab, die wir zu ihnen haben. Besonders bei Kindern findet man häufig, daß sie ihre Gefühle auf Tiere projizieren. «Vorlagen» dafür finden sie in der Vielzahl von Comics und Trickfilmen, in denen Tiere vermenschlicht dargestellt werden. Da gibt es gute und böse Hunde, schlaue und dumme und ebensolche Katzen. Tag für Tag laufen unzählige solcher Produktionen über die Fernsehsender, und Kinder werden nicht müde hinzusehen. Erwachsene lassen ihre Phantasie z. B. durch das Musical «Cats» anregen und sich in die faszinierende, geheimnisvolle Welt der Katzen entführen. Seit Jahren läuft dieses Stück sehr erfolgreich auf deutschen Musical-Bühnen.

So ist es nicht verwunderlich, daß unsere Phantasie,

aber auch unsere Beobachtungsgabe es uns nahelegen, einige der in der Liste auf Seite 135 genannten Eigenschaften auch den Besitzern der jeweiligen Tiere zuzuschreiben. Ein Polizist, ein Sportsmann oder Macho wird eher mit einem Hund und dessen Eigenschaften in Verbindung gebracht. Künstler, Computerspezialisten oder Yuppies eher mit Katzen. Aber warum soll ein rauhbeiniger Geselle es zu Hause nicht genießen, mit einer Katze zusammenzusein? Eine Frau nicht Spaß daran haben, mit ihrem Gebrauchshund auf dem Hundesportplatz zu trainieren? Gegensätze ziehen sich bekanntermaßen an.

In jedem Falle unterliegt die Wahl eines bestimmten Tieres nicht dem Zufall. Wir haben Gründe für unsere Entscheidung. Das hat nicht immer etwas mit jenem Klischee zu tun, aber mit unserer Persönlichkeit, unseren Vorlieben und damit, was wir mit dem Tier assoziieren, was wir von ihm erwarten.

Es gibt sogar ein Gesellschaftsspiel, das dazu anregt, Assoziationen zwischen Mensch und Tier anzustellen. Dazu verläßt ein Spieler den Raum, währenddessen einigen sich die anderen auf eine Person, die der Abwesende erraten soll. Er tut dies, indem er Fragen stellt, wie: «Was für ein Tier wäre derjenige?» Man kann die Auswahl auch auf Hunde und Katzen beschränken. Da gibt es genügend verschiedene Formen mit unterschiedlichen Temperamenten und Eigenschaften, die dem Ratenden Hinweise geben können. Die Mitspieler lassen ihre Phantasie spielen und unterbreiten reihum ihre Vorschläge.

So könnte ein Mitspieler beispielsweise der Meinung sein, die zu ratende Person hätte etwas von einem Neufundländer. Klar, daß das an andere Personen denken läßt, als wenn es «Siamkatze» oder «Terrier» geheißen hätte. Die anderen Teilnehmer steuern ihre Assoziationen bei und runden das Bild ab. Der Fragensteller entwickelt intuitiv ein inneres Bild von der Person, die gemeint sein könnte. Wie viele an seiner Stelle würde er mit einem Neufundländer Eigenschaften verbinden wie Behäbigkeit, Gutmütigkeit, Schwergewichtigkeit, Gelassenheit usw. Ein Terrier regt eher zu gegenteiligen Vorstellungen an, eine Siamkatze zu ganz anderen.

Die Treffsicherheit bei solchen Gruppenspielen ist erstaunlich hoch, und die Gruppenmitglieder können sich auf humorvolle Weise Rückmeldungen darüber geben, wie sie auf andere wirken. Sicherlich sind die vielen Familiennamen, die dem Tierreich entstammen (Fuchs, Wolf, Hase, Falck usw.), aufgrund solcher Assoziationen entstanden. Wenn Sie Lust haben, probieren Sie doch einmal selbst:

> **Denken Sie für einen Moment an eine Ihnen nahestehende Person.**
>
> **Welcher Hund, welche Katze könnte der/diejenige sein? Welches Tier würde am ehesten zu dieser Person passen?**
>
> **Nehmen Sie eine andere Person.**
>
> **Welche Katzen- oder Hunderasse fällt Ihnen zunächst ein?**
>
> **Wählen Sie Personen, die Sie mögen, und solche, die Sie ablehnen.**

Wenn man das Ganze als Spiel und nicht als Wissenschaft sieht, dann stellen sich zu den meisten Personen mehr oder weniger passende Assoziationen ein. Wie das möglich ist, erfahren Sie im folgenden Abschnitt.

Gründe für die Wahl unseres Hausgenossen

Wer einen struppigen, temperamentvollen Terrier einer ruhigen, sensiblen Katze vorzieht, drückt damit natürlich etwas über sich selbst aus. Aber was? Es sind ja nicht alle Terrierfreunde gleich. Die Motive unseres Terrierhalters können sehr vielfältig sein und gänzlich abweichen von denen anderer Terrierhalter. Möglicherweise haben bereits seine Eltern einen solchen Hund besessen, und deshalb ist er bei dieser Rasse geblieben. Vielleicht gefällt ihm aber auch die geringe Angst und die ausgeprägte Selbständigkeit dieser Hunde, sei es, weil er selber so ist oder weil er eher ein gegenteiliges Naturell hat. Vielleicht findet er Terrier einfach nur pfiffig. Die Frage, ob Hund oder Katze, hat sich unserem Terrierfreund vielleicht niemals gestellt.

Wer sich für eine Katze entschieden hat, schätzt vielleicht deren Eigenständigkeit, ihre subtile Körpersprache, ist fasziniert von der Eleganz ihrer Bewegungen. Andere sind angetan von der peniblen Reinlichkeit und der ruhigen, «appetitlichen» Art, in der Katzen ihre Nahrung zu sich nehmen. Wieder andere mögen die großen, äußerst aufmerksamen Augen und die entspannende Behaglichkeit, die diese Tiere ausstrahlen.

Einige bevorzugen Katzen aus pragmatischen Gründen. Hunde kommen für diese Personengruppe von vornherein nicht in Betracht. Katzen kann man bequem in städtischen Wohnungen halten, muß sie nicht dauernd spazierenführen, schätzt deren Unabhängigkeit wie die eigene. Hat man Zeit, kann man sich mit ihr beschäftigen. Will man verreisen, versorgen Freunde oder Nachbarn den kleinen Liebling. Ärger mit Nachbarn gibt es selten; denn Katzen bellen nicht, und sie verrichten ihre Geschäfte im eigenen Klo.

Nun stellt die Frage, ob Hund oder Katze, nur eine erste grobe Vorauswahl dar. Insbesondere bei Hunden gibt es eine Fülle sehr unterschiedlicher Formen und Temperamente. Die Gründe, sich für einen bestimmten Hund, eine bestimmte Katze zu entscheiden, sind ebenfalls sehr vielschichtig. Oder glauben Sie, daß es bloßer Zufall war, als Sie sich Ihre Katze, Ihren Hund aussuchten? Wer würde schon würfeln, um sich für ein bestimmtes Tier aus einem Wurf zu entscheiden? Erinnern Sie sich noch, wie es bei Ihnen war, liebe Leserin, lieber Leser? Worauf Sie geachtet haben? Welche Überlegungen, welche Gefühle den Ausschlag gaben?

Lassen Sie mich hierzu ein Beispiel schildern, bei dem ich aus alltäglicher Erfahrung sowohl die Assoziationen und Vorurteile anderer Menschen kenne als auch meine persönlichen Gründe für die Wahl eines speziellen Tieres. Zunächst einmal ganz allgemein gefragt: Was mögen die Gründe dafür sein, sich einen deutschen Schäferhund anzuschaffen? Viele denken bei dieser Rasse an Eigenschaften wie Treue, Gehorsam, Wachsamkeit, einige aber auch an Mannsschärfe. Schäferhunde verrichten ihren Dienst bei der Polizei, aber auch als Blinden-, Lawinen- und Spürhunde. Man sieht sie in diesen Funktionen in den Medien, auch in Kinofilmen. Dort werden ihre Fähigkeiten allerdings meistens völlig überzogen dargestellt, und zwar sowohl die körperlichen als auch die geistigen. «Oh, ja», mag da so mancher denken, «so einen Hund möchte ich auch haben.» Dabei sieht der eine seinen «Zukünftigen» als vielseitigen Kumpel, ein anderer als wehrhaften Beschützer, wieder andere als treuen Begleiter.

Weitere Motive ergeben sich aus dem wolfsähnlichen Aussehen der Schäferhunde. Dem einen gefällt es, weil er ein Faible für natürliches Aussehen hat, anderen imponiert das Image der reißenden Bestie, das Wölfen seit Jahrhunderten angehängt wird. Wolfsporträts gibt es auf T-Shirts und als Tätowierungen. Bei den Nazis genossen Wölfe ein hohes Ansehen. Der «Führer» hielt sich deutsche Schäferhunde. Zu ihnen soll er sehr zugewandt und «menschlich» gewesen sein. Wie Sie sehen, ergibt sich ein breites Spektrum unterschiedlichster, teilweise sogar gegensätzlicher Beweggründe, von treu, lieb oder gutmütig bis aggressiv und gefährlich.

Persönlich glaube ich nicht an das Märchen vom bösen Wolf. Wölfe haben zu Unrecht das Image gefährlicher Bestien. Es ist schon verwunderlich, wie die gleichen Männer, die ihre Hunde herzen, bedingungslos jeden Wolf erschießen, der ihnen vor die Gewehre läuft. International renommierte Wolfsexperten finden die Hysterie unbegründet, die sich breitmacht, wenn irgendwo in unseren Breiten ein Wolf auftaucht.

Aber nun zu dem, was mich veranlaßte, einen so imageträchtigen Hund zu halten. Ich mag es, wenn Haustiere weitgehend so aussehen wie ihre wilden Ahnen, also natürlich. Ansonsten habe ich Schäferhunde als freundliche, sensible, vergleichsweise ruhige Familienhunde kennengelernt. Sie lassen sich gut erziehen, und sie neigen wenig zum Streunen. Genauso ist unsere Ronja auch. Selbst Fremde, die sich auf unser Grundstück verirrt haben, begrüßt sie mit überschwenglicher Freundlichkeit. Manchmal unken wir schon, daß sie das wohl auch bei Einbrechern tun würde. Man könnte sie eher als gutmütiges Schaf charakterisieren, denn als scharfen Hund.

Das sind die Gründe, weshalb wir einen Schäferhund haben, trotz des teilweise schlechten Images. Es hätte auch ein Labrador, Golden Retriever oder Setter sein können. Die Entscheidung fiel nun aber mal zwischen meiner Frau und mir – knapp – zugunsten des Schäferhundes aus.

Zum negativen Image dieser Rasse muß man wissen, daß erstens schlimme Übergriffe auf Menschen tatsächlich vorkommen. Jede bösartige Attacke eines Hundes ist zu verurteilen. Ich glaube jedoch nicht, daß Schäferhunde von Haus aus eher dazu neigen als andere Rassen. Vielmehr bin ich davon überzeugt, daß es an der Erziehung und den Vorerfahrungen eines Hundes liegt, wenn er bereit ist, Menschen ernsthaft anzugreifen. Jedenfalls kenne ich keine Statistik, aus der hervorginge, welche Rassen das besonders häufig tun. Ich persönlich habe vor einem bestimmten Rauhhaardackel mehr Respekt als vor allen Schäferhunden und Rottweilern, die ich kenne.

Zweitens werden bestimmte Rassen bevorzugt auf Schärfe trainiert und auch zum Personen- oder Sachschutz eingesetzt. Es liegt auf der Hand, daß es mit solchen Tieren eher zu Unfällen kommen kann als etwa mit Pudeln oder Afghanen, die aus anderen Motiven gehalten werden. Insbesondere dann, wenn solche Tiere in falschen Händen sind. Leider gibt es Züchter, die gezielt auf gesteigerte Aggressivität und Angstfreiheit auslesen und damit auch noch offen werben. Schwarze Schafe gibt es eben auch auf diesem Feld. Ganz offensichtlich existiert ein Markt für solche Tiere. Persönlich mag ich keine Hunde, vor denen man Angst haben muß.

Zusammenfassend kann man festhalten, daß die Beweggründe für die Wahl eines bestimmten Tieres so unterschiedlich sein können wie die Menschen auch sonst. Klischees helfen da nicht weiter. Vielmehr muß man in jedem Einzelfall genau hinsehen, um erkennen zu können, welche Merkmale die Anziehung ausmachen. Ein und dasselbe Tier, ob Hund oder Katze, kann allen Rollenerwartungen seiner Besitzer gerecht werden. Was ich hier am Beispiel meines Hundes ausgeführt habe, gilt natürlich auch für andere Rassen. Ein aussagefähiges Bild ergibt erst die Betrachtung des Mensch-Tier-Paares.

Haustiere und menschliche Sprache

Animalisch nennt man das Verhalten einer Person, die sich wie ein Tier benimmt. Gemeint ist damit nicht das Verhalten eines treuen Hundes oder einer sanften Katze, sondern das unangemessen triebhafte Benehmen eines Menschen. Im englischen Sprachraum heißen Tiere «animals». Das Wort zeigt noch seine lateinische Herkunft von anima, was Lufthauch, Atem, Leben bzw. Seele, Geist, Bewußtsein bedeutet. Klingt das nicht alles andere als animalisch? Gemeint waren mit diesem Wort Tiere im Unterschied zu Pflanzen.

Reste dieser weitgehenden Bedeutung des lateinischen Wortes finden sich noch in der heutigen Medizin. Bei Tier und Mensch gleichermaßen wird dort zwischen dem vegetativen und dem animalischen Nervensystem unterschieden. Das vegetative Nervensystem steuert autonome, unbewußt ablaufende Funktionen wie Verdauung und die Steuerung innerer Organe. Diese Vorgänge müssen uns nicht im einzelnen beschäftigen. Besser ist es, wir bemerken sie gar nicht. Dem animalischen Nervensystem, zu dem unser Gehirn gehört, obliegen höhere Aufgaben wie Denken und Fühlen.

In viel größerem Umfang zeigt sich die Bedeutung von Tieren für uns Menschen aber in unserer Alltagssprache. Jeder kennt Redewendungen wie zum Beispiel: «Hunde, die bellen, beißen nicht.» Oder: «Nachts sind alle Katzen grau.» Wir benutzen solche metaphorischen Umschreibungen und Vergleiche um «Menschliches – Allzumenschliches» anschaulich darzustellen. Einzelne Wörter wie «hundsgemein» oder «katzengleich» ersparen uns lange

Beschreibungen. Man weiß unmittelbar, was gemeint ist. – Das funktioniert deshalb, weil Tiere, insbesondere hochentwickelte Säugetiere wie Hunde und Katzen, uns biologisch und emotional näherstehen als Pflanzen oder die unbelebte Natur. Sie bewegen sich, verfolgen Ziele, haben «Interessen», sie jagen, spielen, pflanzen sich fort und kümmern sich um ihre Jungen. Auf ihre Weise tun sie vieles, was Menschen auch tun. Oftmals haben wir das Gefühl zu wissen, was sie wollen, was sie vorhaben. Bestimmte Verhaltensweisen können wir mit einiger Sicherheit sogar vorhersagen. Schmunzelnd finden wir uns in ihnen wieder. Da es Tiere und nicht Menschen sind, erlauben wir ihnen vieles, was wir uns selbst nicht zugestehen. Aber wir kennen die Impulse.

Von *Konrad Lorenz,* einem der bedeutendsten und populärsten Naturforscher unseres Jahrhunderts und Begründer der modernen Verhaltensforschung, stammt folgender Ausspruch: **«Es steckt nicht aller Mensch im Tier, aber alles Tier im Menschen.»** Lorenz war zutiefst davon überzeugt, daß der Weg zum Verständnis des Menschen nur über das Verständnis des Tieres führt; denn zweifelsfrei hat der Mensch sich aus tierischen Vorfahren entwickelt. Klar ist auch, daß Raubtiere wie Katzen und Hunde uns entwicklungsbiologisch näherstehen als Pflanzenfresser.

Einige Fähigkeiten und Eigenschaften bewundern wir an ihnen. Die Fürsorge und Geduld bei der Aufzucht ihrer Jungen rührt uns an. So mancher, der Zeuge solcher Szenen ist, mag sich wünschen, etwas mehr von jenen elterlichen Tugenden zu besitzen. Durch nichts kann man eine Mutter, die sich entschlossen vor ihre Kinder stellt, treffender beschreiben als durch folgenden Vergleich: «Sie verteidigt ihre Kinder wie eine Wölfin/Löwin.» Man kann auch die genaue Artbezeichnung weglassen und sagen: «Sie verteidigt ihre Kinder mit Zähnen und Klauen.»

Die unermüdliche Einsatzfreude vieler Hunde begeistert uns. Der eine oder andere fühlt sich dadurch an längst vergangene Erlebnisse aus seiner Jugend erinnert, als er selbst noch etwas von dieser Begeisterungsfähigkeit hatte. Beim Betrachten von Tieren bieten sich Vergleiche mit menschlichen Verhaltensweisen und Charakterzügen ganz zwanglos an. Übrigens auch auf der negativen Seite, etwa wenn ein Hund (scheinbar) unvermittelt einen anderen hinterrücks anfällt und beißt; oder wenn eine Katze ebenso unerwartet kratzt. «Der benimmt sich wie ein tollwütiger Hund.» Oder: «Die ist aber furchtbar kratzbürstig.»

«Übertreibung macht anschaulich», heißt es. Nun kann man nicht sagen, daß Tiere ihre Bedürfnisse, ihre «Sorgen» und «Nöte», ihre «Absichten» und Antriebe übertrieben äußern, aber direkter und offener als wir tun sie es schon. Einige der gesellschaftlichen Spielregeln, denen wir uns unterwerfen, gelten für unsere vierbeinigen Freunde nicht. Die führen uns ungeniert vor, wie genußvoll es sein kann, wenn man sich ungehindert seinen Trieben hingeben darf. Kein Wunder also, daß wir uns gerne tierischer Vergleiche bedienen, wenn wir uns besonders anschaulich oder intensiv äußern wollen.

Unsere frühen Vorfahren mußten dazu noch ganze Geschichten erzählen. In allen Einzelheiten berichteten sie, was sie sahen, als eine Wölfin ihre Jungen verteidigte oder wie ein Hund sich benimmt, wenn jemand ihn mißhandelt hatte und er trotzdem zu seinem Peiniger angekrochen kam, oder wie ein Mensch sich benahm wie besagter Hund. Heute komprimieren wir eine solche Geschichte zu einem einzelnen Adjektiv, indem wir ein solches Verhalten hündisch nennen. Sicherlich sind die Mensch-Tier-Vergleiche auf jene Weise entstanden, und sie haben allen sprachlichen Moden widerstanden.

Haben Sie z. B. schon einmal erlebt, wie erwachsene

Menschen «herumtollen wie junge Hunde»? Wenn ja, ist Ihnen die Szene sicher gut in Erinnerung geblieben. Und nun versuchen Sie einmal, dieses Erlebnis genau zu beschreiben, in Worte zu fassen, was Sie damals sahen, hörten und fühlten, und zwar so, daß das Besondere an dieser Szene erhalten bleibt. Oder denken Sie einmal an eine Situation, die durch folgenden Vergleich charakterisiert wird: «Wenn die Katze aus dem Haus ist, tanzen die Mäuse auf dem Tisch.»

Sie werden bemerken, wie schwer es ist, diese kleinen Metaphern so durch Worte zu ersetzen, daß der spezifische Inhalt, die Atmosphäre, erhalten bleibt. Welche Wörter passen zu einer Situation, die wir treffend und elegant mit jenem Vergleich von den jungen Hunden bildhaft ausgedrückt haben? Ich denke da an Adjektive wie ausgelas-sen, unbekümmert, verspielt, an entsprechende Lautäußerungen wie Lachen, Rufen oder Necken, an schnelle Bewegungen, kindliche, ausgelassene Ballspiele etwa, Kriegen spielen oder Fangen.

Den gesamten Ablauf zu schildern würde wohl den Umfang einer Kurzgeschichte annehmen. Das alles leistet unsere kleine Metapher in einer einzigen Zeile. Sie läßt vor unserem inneren Auge einen kleinen Film entstehen, in dem wir sozusagen sinnlich wahrnehmen, wie die betreffenden Personen herumtollen wie junge Hunde. Daß wir uns von dem Gesagten ein Bild machen können, ist letztlich der Sinn unserer Sprache. Die weltweit verehrte Familientherapeutin *Virginia Satir* sagte einmal:

> «Worte haben keine Energie, solange sie nicht ein Bild auslösen ... Eines der Dinge, an denen ich immer dranbleibe, ist: ‹Welches sind die Worte, die bei Menschen Bilder auslösen?› Denn die Menschen folgen dem Gefühl des Bildes.» (zitiert nach *Andreas,* 1992, S. 23)

Therapeuten haben halt immer mit Beziehungen zu tun. Beziehung ist Kommunikation – Sprache und Mimik sind die «Werkzeuge», mit denen kommuniziert wird. Die Sprache ist dabei die weitaus bedeutsamere Störungsquelle. Es lassen sich wunderbare Dinge damit machen, gewaltige Informationsmengen übertragen, aber auch Irrtümer verbreiten, Mißverständnisse produzieren und Intrigen einfädeln. Die Körpersprache ist unserem inneren Erleben naturgemäß näher und bildet unser Befinden zumeist offener und ehrlicher ab als unsere Wortsprache. In der Tier-Mensch-Beziehung spielt sie keine Rolle. Gleichwohl dienen Tiere uns dazu, eine klarere und sinnlichere Sprache zu verwenden.

Etwas ausführlicher und kunstvoller sind Tierfabeln, wie zum Beispiel: «Der Fuchs und die süßen Trauben.» Dort werden Moralregeln vermittelt oder typisch menschliche Züge dargestellt. Voller Anspielungen und Spott werden politische oder gesellschaftliche Mißstände angeprangert. Da es sich um Tiere handelt, fällt es uns Menschen leichter, Spott und Kritik zu verkraften. Auf diese Weise können Botschaften vermittelt werden, die sonst nur den Widerstand der Leser provozieren würden. Von der Antike über *Goethes* «Reineke Fuchs» bis *Orwells* «Animal Farm» finden sich Beispiele dafür, wie Gesellschaftkritik und Satire dadurch funktionieren, daß Tiere wie Menschen handeln. Andere Literaturformen verwenden Tiere als positive Gegenbilder, sogar als Vorbilder für Menschen. Dort fungieren Tiere sozusagen als bessere, moralisch überlegene Lebewesen.

In der Fabel vom «Fuchs und den süßen Trauben» ist es ein Fuchs, der gerne von den verführerischen Früchten naschen möchte, die da an einem Weinstock gereift sind. Nur, leider kommt er an die Früchte nicht heran. Sie hängen viel zu hoch für ihn. Der Rabe in dieser Geschichte hat damit keine Probleme. Demonstrativ genießt er die Trauben und seinen naturgegebenen Vorteil. Natürlich ist der Fuchs frustriert und neidisch auf den Vogel. Er wäre kein rechter Fuchs, wüßte er sich nicht geschickt aus der Affäre zu ziehen. Kurzerhand beschließt er einfach, daß die Trauben sicherlich viel zu sauer seien, und kehrt dem bedauernswert angeberischen Raben hocherhobenen Hauptes den Rücken.

Was in dieser kleinen Geschichte so anschaulich aufgezeigt wird, ist ein verbreitetes menschliches Reaktionsmuster. Psychologen haben es ausführlich untersucht, ganze Bücher sind voll davon. «Des Pudels Kern» bei diesem Thema läßt sich allerdings durch nichts so einleuchtend begreifbar machen wie mit dieser schlichten kleinen Fabel. Er hat mit Mißgunst zu tun und mit dem Gefühl der Unfähigkeit und wie man damit so umgehen kann, daß die Selbstachtung nicht leidet.

Auch in diesen Fabeln agieren Tiere anstelle von Menschen. Seit Jahrtausenden werden sie überliefert. Es muß etwas dran sein an ihnen. Wahrscheinlich erleichtert der Umweg über Tierfiguren die Einsicht bei Lesern oder Zuhörern. Selbst an der Universität hält man sie zuweilen für unverzichtbar, um komplexe Zusammenhänge anschaulich zu machen. Die solcherart vermittelten Normen oder Einsichten sind eingängiger als Gebote und Regeln, die man in trockenen Formulierungen zu Papier gebracht hat. Ob in Geschichten oder einzelnen Ausdrücken, Vergleiche mit Tieren sind wie «gesprochene Bilder».

Was Professoren an der Universität recht ist, kann uns in der Alltagssprache nur billig sein. Und so bedienen wir uns gerne solcher Redewendungen und Adjektive, in denen menschliche Stärken und Schwächen mit tierischen Verhaltensweisen verglichen werden; z.B: «katzenhaft», «hündisch», «sich pudelwohl fühlen», «aussehen, wie eine nasse Katze» usw. Jeder hat sofort eine plastische Vorstellung davon, was gemeint ist. Wir haben keine Mühe, solche bildhaften Vergleiche zu «übersetzen»; sie leuchten uns unmittelbar ein. Die Medien nutzen dieses Phänomen ausgiebig zur Übermittlung von Informationen.

Die Verwendung von «Tierischem» in unserer Sprache hat aber noch weitere Vorzüge. Bestimmte Eigenschaften kann man auf anschauliche Weise deutlich machen oder gar übertrieben darstellen, ohne das konkrete Verhalten der Person genau beschreiben zu müssen. Nehmen Sie folgenden Vergleich: «Die benimmt sich wie eine läufige Hündin.» – Ein weiteres Beispiel aus diesem Verhaltensbereich – wegen der Ausgeglichenheit: «Der ist spitz wie Nachbars Lumpi.» Dem Zuhörer bleibt es überlassen, diese Aussagen mit entsprechenden Phantasien zu konkretisieren. Der Sprecher übernimmt dafür keine Verantwortung. Im Zweifel hat er es *so* ja gar nicht gemeint. Was die Personen aus den beiden Beispielen genau taten, geht aus den Formulierungen nicht eindeutig hervor. «Ein Schelm, der Böses dabei denkt.»

Zusammenfassend kann man sagen, daß der Umgang mit Tieren und der Vergleich tierischer mit menschlichen Eigenschaften unsere Sprache bereichert. Sie wird dadurch klarer und farbiger. Komplexe Situationen können durch bildhafte Vergleiche auf den Punkt gebracht werden. Nun lehrt die menschliche Erfahrung, daß alles, was gut und nützlich ist, auch mißbraucht werden kann. So auch hier, wenn Tier-Mensch-Vergleiche für deftige Beleidigungen herangezogen werden. Keine Frage, daß die Vorzüge beim Gebrauch dieser Ausdrücke überwiegen. Nachfolgend finden Sie ein kleines Glossar häufig benutzter Wörter und Wendungen, und wie ich sie verstehe. Sprichwörter habe ich nicht aufgenommen.

auf den Hund gekommen Heruntergekommen. Wenn jemand sozial abgestiegen ist.
Augen wie ein Luchs Überdurchschnittliches Sehvermögen.
aussehen wie ein begossener Pudel Die Haltung, der jämmerliche Gesichtsausdruck eines Menschen, der sich unversehens in einer blamablen Lage sieht.
bekannt wie ein bunter Hund Eine auffällige, allseits bekannte Person.
blöder Hund Schimpfwort für jemanden, den man besonders kränken möchte.
da liegt der Hund begraben Wenn man eine Erklärung für etwas gefunden hat, das bislang rätselhaft oder unerklärbar war. Ein Geheimnis lüften.
Dackelbeine Kurze, krumme Beine.
das ist für die Katz Wenn man sich vergebens bemüht.
den letzten beißen die Hunde (Kein Kommentar)
der Windhund Abfällige Bezeichnung für einen zweifelhaften Herumtreiber.
des Pudels Kern finden Einer Sache auf den Grund gehen und diesen finden.
dicker Hund Eine (fast) unverzeihliche Verfehlung.
die Katze aus dem Sack lassen Ein Geheimnis lüften.
die Katze nicht im Sack kaufen «Ich kaufe die Katze doch nicht im Sack», sagt man, wenn man etwas erst sehen bzw. ausprobieren möchte, bevor man es erwirbt oder sich mit etwas oder jemandem einläßt.
einen Kater haben Umschreibung für die Folgen übermäßigen Alkoholgenusses am Tag danach. Kann sich aber auch auf andere Laster beziehen.
es regnet Katzen und Hunde Ein ausdauernder, kräftiger Regen.
etwas mit Zähnen und Klauen verteidigen Mit allen Mitteln und großer Entschlossenheit handeln.

falsch wie eine Katze Unberechenbares und unerwünschtes Verhalten.
geheimnisvoll wie eine Katze Undurchschaubar, aber faszinierend.
krummer Hund Ein Mensch mit zweifelhaften Absichten.
herumschleichen wie die Katze um den heißen Brei Umschreibung für ein Verhalten, bei dem eine Person sich windet, drum herum redet oder unentschlossen beträgt.
herumtollen wie junge Hunde Ein Verhalten und ein Zustand größter Unbekümmertheit und Ausgelassenheit.
Himmelhund Bezeichnung für einen tollkühnen Kerl.
hinterherdackeln Jemandem dadurch lästig werden, daß man ihm auf Schritt und Tritt auf den Fersen bleibt.
Höllenhund Ein verwegener, rauhbeiniger Kerl.
Hund Kleiner Rollwagen für schwere Lasten.
Hundeblick Ein bittender, herziger Blick, mit dem jemand auf unwiderstehliche Art und Weise seinem Verlangen Ausdruck verleiht.
hundeelend Sehr elend.
Hundekälte Große Kälte.
hundemüde Sehr müde.
Hundesohn Schimpfwort für jemanden, der gegen essentielle Regeln verstoßen hat.
Hundewache So bezeichnen Seeleute die Nachtwache.
hündisch Unangenehm unterwürfiges Verhalten eines Menschen.
Hundsfott Schimpfwort für einen gemeinen Kerl.
hundsgemein Ein besonders verwerfliches Verhalten.
hundsmiserabel Sagt man, wenn es einem sehr schlechtgeht.

Hundstage Sommertage, an denen es so außergewöhnlich heiß ist, daß man sich nicht rühren mag, den Tag am liebsten im Schatten verdösen möchte.
hungrig wie ein Wolf Besonders großer Hunger.
jemanden anfauchen Ein Verhalten, mit dem man eine Person entschieden zurückweist und seine Mißbilligung für deren Verhalten ausdrückt.
kaltschnäuzig (kalt wie eine Hundeschnauze) Abgeklärtes, nervenstarkes und geistesgegenwärtiges Verhalten.
kämpfen wie ein Löwe Wild entschlossener Einsatz für die eigene Sache.
katzbuckeln Wenn Menschen sich auffällig unterwürfig verhalten.
Katzenauge Ein Reflektor, der auftreffendes Restlicht auffällig zurückstrahlt. Häufig an Fahrrädern vorzufinden.
katzenfreundlich Heuchlerisch freundliches Verhalten.
katzenhaft Geschmeidige, elegante oder ruhige, selbstbewußte Bewegungen.
Katzenjammer Damit sind die beklagenswerten Konsequenzen einer Handlung gemeint.
Katzenmusik Klänge, die ein Mensch als disharmonisch bis schmerzhaft empfindet.
Katzensprung Geringe Entfernung.
Katzenwäsche Im Gegensatz zur sprichwörtlichen Reinlichkeit der Hauskatze ist beim Menschen damit eine sehr oberflächliche Körperpflege gemeint.
Katz und Maus spielen Jemanden vorsätzlich unnötig lange hin und her schicken, hinhalten oder gar veralbern.
kratzbürstig Wenn jemand sich widerspenstig, störrisch oder eigensinnig verhält, nicht das tut, was man möchte.

läufig sein Gemeint ist in der Regel eine Frau, die ihre sexuelle Begehrlichkeit mehr oder weniger unverhohlen ausdrückt.
mein Katerchen Kosewort für Männer.
Mieze Katzenname, aber auch eine eher sexistische Bezeichnung für Frauen (flotte Miezen).
mit den Wölfen heulen Opportunistisches, angepaßtes Verhalten, eines Vorteiles wegen oder um dazuzugehören.
«Muschi» Kosename für kleine Mädchen, aber auch für erwachsene Frauen. Bezeichnung für das weibliche Genitale.
pudelwohl Sich auf eine kreatürliche Weise wohl fühlen. Je nach Geschmack kann man auch «sauwohl» oder «tierisch gut» sagen.
samtpfötig Auf leisen Sohlen, behutsam daherkommen.
Schmusekatze Eine Frau, die gerne schmust oder zu Zärtlichkeiten einlädt.
schnurren wie eine Katze Ausdruck großer Behaglichkeit.
schwanzwedelnd auf jemanden zugehen Wenn jemand seine Freude darüber, einen zu treffen, ungeniert ausdrückt.
Schweinehund Schimpfwort für jemanden, der einen auf gemeine Weise hintergangen, übervorteilt oder ausgetrickst hat. Als «innerer Schweinehund» häufig in der Bedeutung eines Teiles einer Person, die diese zu Handlungen verleitet, die sie eigentlich nicht tun möchte, die sie an sich selbst nicht mag, z. B. schlechte Gewohnheiten, Laster usw. Dafür wird dann der «innere Schweinehund» verantwortlich gemacht.
sich einen Wolf laufen Schmerzhafte Hautabschürfungen u. a. im Gesäßbereich, die man sich bei aufrei-

benden Anstrengungen, wie beispielsweise langen Märschen, zuziehen kann.
spitz wie Nachbars Lumpi Umschreibung für (zumeist) einen Mann, der sein sexuelles Verlangen ungeniert zum Ausdruck bringt.
Underdog Laut Duden: Benachteiligter, Schwächerer.
wie ein dressierter Hund Charakterisierung einer Person, die sich überangepaßt bis unterwürfig verhält.
wie ein tollwütiger Hund Wenn jemand brutal und hemmungslos die Regeln des Anstandes verletzt.
wie Katze und Hund sein Wenn zwei Menschen aneinander vorbeireden/ -leben, sich nicht verständigen können. Das kann bis zu offener Feindschaft gehen.
Wolf im Schafspelz Eine Person, die äußerlich gutmütig und freundlich erscheint, es aber faustdick hinter den Ohren hat.

Obwohl die Liste sicher unvollständig ist, betrieb ich ein wenig Statistik damit. Welches Tier wird in unserer Sprache in Sprichwörtern häufiger zitiert, Katze oder Hund? Schließlich könnte das etwas über die Bedeutung der beiden Arten für uns aussagen. Inwieweit sie uns zu Vergleichen anregen, inwiefern wir uns mit ihnen identifizieren, wie intensiv sie unsere Phantasie anregen.

Das Ergebnis: 57 Prozent aller Wörter bzw. Wendungen haben etwas mit Hunden, 43 Prozent mit Katzen zu tun. Man kann sagen, das ist einigermaßen ausgeglichen. Erwartet habe ich das nicht unbedingt, wenn ich bedenke, daß Hunde, im Gegensatz zu Katzen, möglichst nie von der Seite ihrer Besitzer weichen und als Rudeltiere sowohl ein ausgeprägteres Sozial- als auch ein differenzierteres Ausdrucksverhalten zeigen. Offensichtlich nehmen Menschen, auch wenn sie nicht zu den Katzenfreunden zählen, die leise und eigenständige Katze sehr wohl wahr, lassen sich von ihrer Art, in dieser Welt zu sein, ebenso zu Vergleichen anregen wie von Hunden.

Ich habe diese Redewendungen gesammelt, wo immer ich ihnen begegnet bin, habe viele Menschen meiner Umgebung befragt, Bücher und Medien danach durchforstet. Sicherlich ist mir der eine oder andere Ausdruck entgangen. Meine kleine «Untersuchung» erhebt auch nicht den Anspruch, wissenschaftlichen Kriterien zu genügen. Wenn Ihnen, liebe Leserin, lieber Leser, noch weitere Beispiele einfallen, wäre ich Ihnen dankbar, wenn Sie mir diese mitteilen würden.

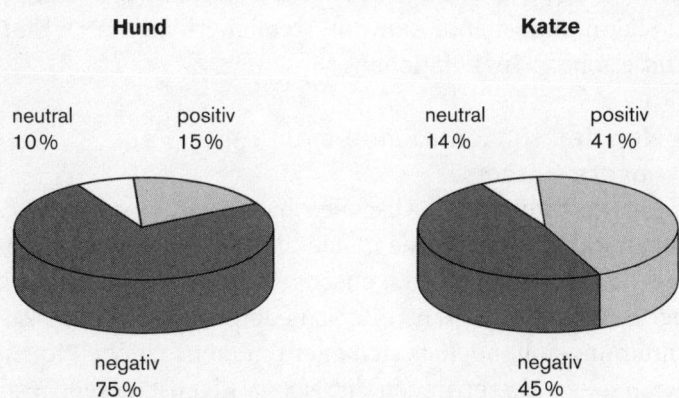

Anzahl der Ausdrücke mit positiver, negativer oder neutraler Bedeutung, die sich auf Hund bzw. Katze beziehen.

Ein weiterer Befund, der sich aus der Analyse des Glossars ergibt, ist vielleicht noch überraschender. Fast alle aufgeführten Wörter und Wendungen haben eine positive oder negative Bedeutung, nur sehr wenige sind neutral. Schaut man einmal nach, wie sich positive und negative Ausdrücke auf die beiden Tierarten verteilen, so findet man folgendes: Von allen Wendungen, die mit «des Menschen bestem Freund», dem Hund, zu tun haben, weisen 15 Prozent eine positive Bedeutung auf, 75 Prozent eine negative. Bei Katzen dagegen fallen 41 Prozent positiv aus, 45 Prozent negativ.

Ein erstaunlicher Unterschied! Hier könnte man vielleicht glauben, daß es viel mehr Katzenliebhaber als Hundefreunde gibt. Tatsache ist, daß Hunde und Katzen in deutschen Haushalten in etwa gleich häufig vertreten sind.

Faßt man die beiden Befunde in Worte, so kann man sagen: Katzen und Hunde werden annähernd gleich häufig zu Vergleichen mit menschlichen Eigenschaften herangezogen, Katzen allerdings viel öfter mit positivem Inhalt. Wie kann man sich diesen Unterschied erklären? Nachfolgend ein paar Spekulationen:

Nehmen Katzenfreunde mehr Einfluß auf unsere Sprache?

Im Abschnitt «Das Klischee» haben wir gesehen, daß Katzen ein anderes Image haben als Hunde. Teilweise entsprechen die jeweiligen Eigenschaften durchaus biologisch begründeten Verhaltensunterschieden. Bei anderen Zuschreibungen handelt es sich eher um menschliche Projektionen oder Verzerrungen tierischer Eigenschaften. Was auch zum Klischee gehört, ist, daß Katzen eher zu Künstlern, Intellektuellen oder sensiblen Menschen passen, die gerade jene katzentypischen Eigenschaften sehr schätzen. In Filmen dominieren Hunde meist in handfesten Darstellungen. In allen anderen künstlerischen oder literarischen Werken sind es die Katzen. Es kann kein Zweifel daran bestehen, daß Schriftsteller und Künstler Einfluß auf unsere Sprache haben. Ich kann mir gut vorstellen, daß so manche Redewendung zunächst in den kraftvoll plastischen Beschreibungen von Schriftstellern auftauchte.

Die «Tugenden» der Katzen genießen ein besonders hohes Ansehen

Hunde sind uns in ihrem Verhalten in vielerlei Hinsicht ähnlicher als Katzen. Wie wir, leben sie in Familien und Gruppen, bilden soziale Rangordnungen aus und kommunizieren ständig miteinander. Fast immer haben die Besitzer eindeutig die Rolle des Rudelführers inne. Von daher nehmen Hunde durchweg eine untergeordnete Position ein. Das wirkt sich natürlich auch auf Vergleiche mit Menschen aus. Es bedarf wenig Phantasie, um sich vorstellen zu können, zu welchen Assoziationen ein gehorsamer, treuer, unterwürfiger, braver usw. Hund anregt.

Ganz anders bei Katzen. Die bleiben bei aller Anhänglichkeit selbständige, überlebenstüchtige Individuen, eigenwillig und anmutig. Wann immer sie die Gelegenheit haben, gehen sie ihrer eigenen Wege. Zu ihren Bezugspersonen kommen sie, wenn *sie* es wollen. Bei diesem Eigenschaftsprofil denkt man doch eher an hochgestellte, noble oder selbstbewußte Persönlichkeiten, die sehr wohl in der Lage sind, enge Bindungen zu Menschen einzugehen, ihnen aber nicht sklavisch verfallen sind, um es einmal übertrieben und tendenziös auszudrücken.

Katzen «verstehen» es, aus ihren Besitzern ein Maximum an Bedürfnisbefriedigung «herauszuholen». Bei Hunden ist das nicht immer so. Denken Sie nur einmal an die vielen Extremzüchtungen oder an bestimmte Hof-, Zwinger- oder andere Gebrauchshunde.

Hunde bieten mehr Anlässe für Ärgernisse

Welcher Hundebesitzer kennt nicht Äußerungen wie diese: «Nehmen Sie sofort Ihren Hund an die Leine. Ich bin schon mal gebissen worden.» Nicht selten begegnet man Menschen, die Angst vor Hunden haben oder einfach Anstoß daran nehmen, daß diese frei herumlaufen. Einige sind tatsächlich gebissen worden, manche sogar schwer verletzt. Das führt nicht gerade zu freundlichen Anschauungen über diese Tiere.

Hunde können dadurch nerven, daß sie ausdauernd bellen. Besonders ärgerlich ist das zu nachtschlafender Zeit. Sie erledigen ihre Geschäfte, wenn es sein muß, auch auf dem Bürgersteig. Selbst Hundebesitzer sind nicht entzückt, wenn sie feststellen, daß sie in einen Hundehaufen getreten sind.

Katzen bellen nicht, sie beißen niemanden, und sie vergraben ihren Kot unauffällig im Gelände. Niemand hat Angst, wenn er draußen eine Katze vorbeihuschen oder, gemütlich zusammengerollt, auf einem sonnenbeschienenen Fenstersims liegen sieht. Keine noch so ordnungsliebende Person nimmt daran Anstoß, wenn sie eine unangeleinte Katze herumlaufen sieht.

Machen Tiere einsam?

Wie ich auf die Idee komme? Nun, als Psychotherapeut stößt man auf die verwunderlichsten Motive menschlichen Handelns. Ungewöhnliche, manchmal vielleicht verrückt klingende Fragen zu stellen gehört zu meiner beruflichen Routine. Gewöhnliche Fragen führen selten zu interessanten Antworten. Es kann auch nicht schaden, an wichtige Dinge des Lebens mal völlig voraussetzungslos heranzugehen. Neue Erfahrungen macht nur, wer glaubt, nicht alles zu wissen. Auch bei der Beziehung zwischen Mensch und Tier spielt alles Menschenmögliche eine Rolle.

Viele Menschen, die sich einsam fühlen, haben Haustiere. Nun kann man sich fragen, ob Tierhaltung dazu beitragen kann, daß jemand einsam wird, oder ob er bereits einsam war, als er sich ein Tier ins Haus holte. Das ist wie die berühmte Frage: «Was war zuerst: Die Henne oder das Ei?» Die meisten von uns kennen das Gefühl, einsam zu sein. Indem sie etwas dagegen unternahmen, haben sie es überwunden. Wer sich darauf beschränkt, ein Tier anzuschaffen, läuft in der Tat Gefahr, einsam zu bleiben. Ein Haustier kann die Einsamkeit bis zu einem gewissen Grade mildern, aber menschliche Partnerschaft kann es nicht vollständig ersetzen.

Vorstellbar ist auch, daß das Zusammenleben mit Haustieren einen Menschen dazu verleiten kann, seine Mitmenschen mit den gleichen Maßstäben zu messen wie seinen vierbeinigen Freund. Das kann bei dem einen oder anderen durchaus dazu führen, daß die Menschen dabei schlecht abschneiden. Tiere täuschen uns weder, noch enttäuschen sie uns. In der Regel verlassen sie uns auch nicht, sind stets ansprechbar, «verzeihen» uns alle Schwächen und Macken. Sie sind verläßlich, treu und halten auch in schlechten Zeiten bedingungslos zu uns. Das kann man von Menschen nun wirklich nicht immer sagen und wohl auch nicht in jedem Falle, verlangen. Wer kann schon behaupten, niemals von Partnern, Freunden oder Kollegen enttäuscht worden zu sein oder diese enttäuscht zu haben.

Viele Zeitgenossen leiden darunter, daß die Welt nicht so ist, «wie sie sein sollte». Wer von den Menschen enttäuscht wurde, kann bei Tieren Trost finden. Zwischen mir und meinem Haustier ist die Welt noch in Ordnung. Das kann einerseits gesundheitlichen Schäden vorbeugen, wie wir im Kapitel «Haustiere als Heiler» gesehen haben. Andererseits kann es dazu führen, daß man sich mehr und mehr von den eigenen Artgenossen entfernt. Man hat ja seinen vierbeinigen Freund. Als Sozialpartner ist dieser jederzeit verfügbar. Was soll man sich da immer wieder um Kontakte zu anderen Menschen bemühen?

In der Folge wird die Bindung zum kleinen Hausgenossen immer enger und exklusiver. **Wer Tiere über alles liebt, kann Menschen gegenüber leicht zu gegensätzlichen Gefühlen kommen.** Irgendwann ist es Außenstehenden fast unmöglich, zu dieser «kleinen, heilen Welt» vorzudringen.

Ein Kollege von mir, der in der Erwachsenenbildung tätig war, berichtete mir von folgendem Fall: Frau M. war seit vielen Jahren arbeitslos. In dieser Zeit hatte sie sich zunehmend zurückgezogen, lebte allein mit ihrem Kater Simon. Simon war ihr ein und alles. Eines Tages erhielt sie vom Arbeitsamt eine Einladung zu einem Gespräch bei meinem Kollegen. In diesem Gespräch ging es darum, daß Frau M. vorgeschlagen wurde, an einem sechswöchi-

gen Seminar teilzunehmen, bei dem es um berufliche Orientierung und die Möglichkeiten einer Wiedereingliederung ins Berufsleben gehen sollte. Völlig aufgelöst erschien Frau M. zu diesem Termin. Sie wolle ja so gern wieder arbeiten, aber leider Gottes sei es unmöglich, den Kater acht Stunden allein zu lassen und das sechs Wochen lang. Dieser sei daran gewöhnt, daß sie fast immer bei ihm zu Hause sei. Frau M. wies alle Anzeichen eines ernsten inneren Konfliktes auf.
Dem außergewöhnlichen Beratungsgeschick meines Kollegen war es zu verdanken, daß Frau M. überzeugt werden konnte, es wenigstens einmal zu versuchen. Vielleicht würde der Kater ihre Abwesenheit ja besser hinnehmen können, als sie annahm. Nach wenigen Tagen brach Frau M. den Versuch ab, obwohl sie darüber informiert war, daß das eine dreimonatige Sperre ihrer Arbeitslosenhilfe zur Folge hatte!

Bei Frau M. handelte es sich sicher um einen Extremfall. Tatsache ist aber, daß die eine oder andere Aktivität erschwert wird, wenn man Haustiere hält. Man kann beispielsweise nicht spontan verreisen. Erst muß die Versorgung des Hausgenossen sichergestellt werden. Richtig ist auch, daß man seinen Hund nicht überallhin mitnehmen kann. Es gibt Leute, die Angst vor Hunden haben, einige reagieren allergisch auf Tierhaare. Andererseits gibt es Orte, die ich meinem Hund ersparen möchte, z. B. Diskos, volle sommerliche Strände, Motorsportveranstaltungen oder Musikkonzerte. Ich persönlich möchte meinen Hund nicht so dressieren, daß er im Restaurant stundenlang bewegungslos unter dem Tisch verharren kann. Mit Katzen sind Ortswechsel ohnehin problematisch. Man sollte sie lieber in ihrer gewohnten Umgebung belassen. Eine vorübergehende Trennung von Frauchen oder Herrchen verkraften sie allemal besser als einen Revierwechsel.

Mit einem Hund kann man überall Schwierigkeiten bekommen. Sei es, daß ein Jagdpächter mitten in der freien Natur im Auto daherkommt und einen nachdrücklich auffordert, den Hund unverzüglich anzuleinen, obwohl dieser sich in unmittelbarer Nähe aufhält, oder daß sich Menschen – wo auch immer – durch die Gegenwart des Tieres belästigt fühlen. Mir sind viele Hundebesitzer bekannt, die aufgrund solcher Erfahrungen bestimmte Orte meiden.

Hunde machen «Haufen und Seen», und sie bellen zuweilen. Die Seen hinterlassen häßliche Flecken auf jedem Rasen, und wer hat sich nicht schon geärgert, wenn er in Hundekot getreten ist. Selbst ich als Hundehalter kenne die kalte Aggression, die mich in einem Urlaubsort beschlich, als ein Nachbarshund nicht aufhörte, laut und aufgebracht zu kläffen. Er brachte uns dadurch um unseren wohlverdienten Nachtschlaf – zwei Wochen lang!

Hat man eine Katze, die frei herumlaufen darf, kann man sich allerdings auch Ärger mit Nachbarn einhandeln, wie die folgende Geschichte zeigt:

Unser Kater Murphie lebte fast nur draußen. In die Wohnung kam er nur zum Fressen und um sich gelegentlich ein paar Streicheleinheiten abzuholen. Zu unserem Leidwesen kam er hin und wieder mit Vögeln an. Wir hängten ihm ein Glöckchen um, damit die Vögel gewarnt wurden. Trotzdem erwischte er mal eine Amsel, mal eine Meise. Murphie war eigenständiger als alle Katzen, die bei mir lebten. Eine ernsthafte Bedrohung des üppigen Vogelbestandes in den umliegenden Gärten erblickten wir darin nicht. In tiefen Zügen genoß er sein Katzenleben – aber nicht lange.

Ein entfernter Nachbar besaß ebenfalls eine schwarze

Katze, nicht unähnlich unserer. Diese durfte auch in den Garten, allerdings nur angepflockt an einer kurzen Leine. Eines Tages drohte uns dieser «Katzenfreund», daß etwas passieren würde, ließen wir unsere Katze weiterhin frei herumlaufen. Wenige Wochen später fanden wir Murphie vergiftet neben seiner Haustür.

Nun mag ich Vögel auch und finde, daß sie das gleiche Recht auf Leben haben wie Katzen. Ein Insektenfreund würde wohl kaum auf die Idee kommen, Vögel zu vergiften, weil diese Insekten fressen. In einem vorstädtischen Gartenbiotop haben Vögel kaum Feinde, sie werden gefüttert, man baut ihnen Häuschen, fast könnte man sagen, sie würden gehalten wie Haustiere.

Die wenigsten Katzen sind in der Lage, Vögel zu erbeuten. Ich denke, daß eine erfolgreich jagende Katze in einem solchen Revier einen Faktor jener natürlichen Selektion darstellt, die Vögel seit Jahrmillionen überlebt haben. Wenn eine natürliche Selektion dauerhaft ausbleibt, führt das bekanntermaßen dazu, daß auch solche Tiere sich fortpflanzen, die negative Erbanlagen haben. Eine solche Population wird irgendwann so degeneriert sein, daß sie aussterben kann.

Jedenfalls bietet die Tatsache, ein Haustier zu besitzen, reichlich Gelegenheit, sich mit Nachbarn zu streiten. Es gibt nicht wenige Tierbesitzer, die sich aus diesen Gründen sozial isoliert haben. Zahllose Prozesse werden in diesem Zusammenhang geführt.

Ein Studienkollege von mir hielt in seiner Studentenbude eine Katze. Er hatte ein inniges Verhältnis zu dem Tier. Da er unter dem Dach wohnte, unternahm die kleine Katze gelegentliche Exkursionen auf das Dach des Hauses. Das störte den Hausbesitzer. Dieser erwirkte vor

Gericht, daß mein völlig geknickter Bekannter seine Katze umgehend abschaffen mußte.

Ich weiß nicht, wie Sie, liebe Leserin, lieber Leser, reagieren würden, würde man Sie dazu zwingen, Ihren Hausgenossen abzuschaffen. Ich weiß nur, welches Gefühl sich in mir breitmachen würde, nämlich «tierischer» – treffender vielleicht – «heiliger Zorn». Einige Tierfreunde sind zu regelrechten «Menschenhassern» geworden, haben ihre Wohnung gewechselt und sich zurückgezogen. Die Bindung zu ihrem Haustier hat sich dadurch weiter vertieft.

Der eine oder andere mag da vielleicht denken: «So ein Aufwand wegen eines Tieres. Wie kann das angehen?» Solchen Ärger, solche Einschränkungen nehme ich doch nicht für ein Tier in Kauf. Wäre es ein Mensch, der einem solche Ärgernisse bereiten würde, mancher Zeitgenosse würde verlangen, daß dieser sein Verhalten ändern möge.

So manche Freundschaft zerbricht, wenn einer dem anderen immer wieder Ärger bereitet. Da kommen wir auf Dauer nicht umhin, die Schuld beim Freund, Partner oder Kollegen zu suchen. Irgendwann ist auch die beste Freundschaft aufgebraucht. Man trennt sich von dem unbequem gewordenen Menschen. Tiere fordern in besonderem Maße unsere «Schutzinstinkte» heraus. Schließlich ist alles, was sie tun, natürlich und nicht durch vorausschauende Einsicht bestimmt. Gegen Paragraphen und falsche Anschuldigungen können sie sich nicht selber wehren.

Sie sehen, so abwegig ist die Frage nicht, mit der dieses Kapitel überschrieben ist.

Zweifellos sind Haustiere vorzüglich dazu geeignet, daß sich Menschen zusammen mit ihnen in der Einsamkeit einrichten. Soziale Bedürfnisse kann man ein Stück weit auch an ihnen befriedigen. Der Druck, sich um Menschen zu bemühen, wird gemildert. Was für viele als Segen zu bezeichnen ist, kann einigen zum Fluch werden; dann nämlich, wenn sie aus der sozialen Isolation nicht mehr herausfinden, obwohl sie die Fähigkeiten dazu hätten.

Damit behaupte ich keineswegs, daß Haustierhaltung immer dazu führen muß, daß Tierbesitzer einsam werden oder bleiben. Sie müssen sich auch nicht zu Sonderlingen oder «Kohlhaas-Naturen» entwickeln. Ein kontaktfreudiger Mensch, der neben seiner Familie und einem lebendigen Freundeskreis ein Haustier hat, wird nicht dadurch zu einem «Menschenmuffel», daß ein Nachbar sich über sein Tier aufregt oder weil er nicht spontan verreisen kann. Möchte er ein Konzert oder ein Restaurant besuchen, läßt er seinen Hund eben zu Hause oder im Auto. Wer das nicht will, bittet einen Angehörigen oder Freund, so lange einzuhüten.

Meinem Hund schadet es nicht, wenn er mal ein paar Stunden allein zu Hause verbringt, meiner Katze schon gar nicht. Mir dagegen würde es sehr schaden, müßte ich auf alle Unternehmungen verzichten, bei denen ich Ronja nicht mitnehmen kann oder will. Jedenfalls lasse ich sie lieber gelegentlich ein paar Stunden allein, als daß ich sie so abrichte, daß sie mich willenlos, wie ein perfekt programmierter Roboter, überallhin begleiten kann.

Haustiere als Alibi

Wer behauptet, wegen seines Hundes, wegen seiner Katze nirgendwohin zu kommen, benutzt sein Tier wohl eher als Ausrede. «Du weißt ja, mein Paul spielt sonst verrückt», heißt es dann oder: «Mein Kater kriegt 'ne 'Krise, wenn ich ihn schon wieder allein lasse.» Oder: «Mein Hund fühlt sich dort nicht wohl.» usw. Unliebsame Verabredungen können Tierhalter mit Hinweis auf ihr Tier absagen. Wer wird das dem verantwortungsbewußten Tierhalter vorwerfen? Wer kein Tier besitzt, muß Kopfschmerzen vorschützen oder das kranke Kind oder andere Ausreden benutzen. Viele bekommen tatsächlich Bauch- oder Kopfschmerzen, wenn unbequeme Termine näher rücken. Solche Beschwerden können sich Tierbesitzer, zumindest manchmal, ersparen.

Haustiere als «Kontaktmittel»

Viele Menschen nutzen die Möglichkeit, über ihre Hausgenossen Kontakte zu anderen Menschen herzustellen. Sei es, daß man beim Gassigehen mit einem anderen Hundebesitzer ins Gespräch kommt oder daß man mit Hunde- oder Katzenhaltern, bei welcher Gelegenheit auch immer, einen unerschöpflichen Vorrat an Anekdoten, Erfahrungen oder Erlebnissen vorfindet.

Auf diese Weise können durchaus Bekanntschaften oder Freundschaften entstehen. In Flirtkursen kann man lernen, wie man über die einfühlsame Beschäftigung mit der Katze bzw. dem Hund seiner Angebeteten an diese «herankommt». Mit anderen Worten: Haben Sie die Zuneigung des Tieres gewonnen, steigen Ihre Chancen, auch die Sympathie der Besitzerin oder des Besitzers zu erringen.

In zahlreichen Vereinen treffen sich die Freunde bestimmter Rassetiere. Dort besteht die Möglichkeit, Kontakte zu knüpfen. Auch in Hundeschulen kann man Gleichgesinnte treffen. Fährt man durch die Lande, sieht man des öfteren die Anlagen der Hundesportvereine. Dort treffen sich die Besitzer von Gebrauchshunden, tauschen die Erfahrungen aus und trainieren gemeinsam mit ihren Tieren. Selbstverständlich findet dort auch ein reges Vereinsleben statt. Es gibt Wettkämpfe und Prüfungen, bei denen die Leistungen von Mensch und Tier überprüft und anschließend gefeiert werden.

Schlußendlich gibt es auch noch die Ausstellungen und

Tierschauen. Dort versammeln sich die Besitzer besonders «rassereiner» bzw. schöner Exemplare. Da wird gemessen, geputzt und verglichen nach dem Motto: «Spieglein, Spieglein an der Wand, wer ist die Schönste im ganzen Land?» In diesem Falle übernehmen Juroren die Rolle des Spiegels. Sie beurteilen, was als schön und richtig zu gelten hat. Streng überwachen sie die Einhaltung der jeweils herrschenden Zuchtkriterien. Selbstverständlich findet auch dort ein lebhafter Austausch unter den mitkonkurrierenden Tierhaltern statt.

Abschließend kann man sagen, ob jemand durch die Haltung eines Haustieres einsam wird oder Freunde hinzugewinnt, hängt nicht von seinem Tier ab, sondern allein von ihm. Das ist wie mit einem Messer: Man kann damit so nützliche Dinge tun, wie Brot oder Wurst schneiden oder ein Stück Holz bearbeiten, man kann es aber auch einem Menschen in den Körper schieben. Der Nützlichkeit des Messers tut das keinen Abbruch.

Wann ist die Beziehung gut?

Zur Einführung die folgende Geschichte:

Meine Frau und ich reisen gern in den Süden. Im Vorjahr ging es nicht, da war Ronja noch zu klein. Jetzt sollte es mal wieder sein. Schnell wurde uns klar, daß wir unserem Hund weder den Flug in einer Holzkiste im Laderaum zumuten wollten noch die möglicherweise dichtbevölkerten, sicher aber heißen Strände unseres Urlaubszieles. Klar war auch, daß wir unseres Hundes wegen nicht für immer auf solche Reisen verzichten wollten. Der eine oder andere mag das egoistisch finden, aber die Geschichte geht ja noch weiter.
Wir erkundigten uns bei einigen vertrauenswürdigen Hundehaltern der Nachbarschaft nach einer geeigneten Pension, in die man ruhigen Gewissens seinen Hund für zwei Wochen geben könne. Schließlich fanden wir eine renommierte Hundepension, in der die Tiere wirklich optimale Bedingungen vorfanden. Hunde, die sich gut vertrugen, durften in weitläufigen Gehegen tun und lassen, was sie wollten. Schlaf- und Ruheplätze waren ebenfalls reichlich vorhanden. Die Betreiber, ein Ehepaar mit Kindern, hatten als Hundekenner und -lehrer einen ausgezeichneten Ruf.
Es nahte der Tag, an dem wir Ronja in die Pension gaben. Obwohl wir davon überzeugt waren, daß sie es dort wirklich gut haben würde, beschlich uns ein Gefühl, als ob wir gerade dabei wären, einen gemeinen Treuebruch zu begehen. Nun gut, sagten wir uns, in einer guten Beziehung soll jeder zu seinem Recht kommen – Hund und

Mensch. Als «Beziehungsprofi» weiß ich, daß ein gesunder Egoismus ein wesentliches Element einer guten Beziehung darstellt. Nicht umsonst steht in der Bibel ein Satz, dessen zweiter Teil oftmals vergessen wird. Der Satz lautet: «Liebe deinen Nächsten wie dich selbst.» Das Problem ist, daß man diese Gedanken einem Tier nicht erklären kann.

Zwei Wochen später, noch am Tage der Rückkehr, trieb uns die Erwartung – wie es ihr wohl ergangen ist, und wie sie auf uns reagieren würde, ob sie uns womöglich nicht mehr erkennen würde usw. – zur Hundepension. Die Begrüßung geriet zu einer geräuschvollen Orgie. Nachdem der Begrüßungssturm sich etwas gelegt hatte, unterhielten wir uns noch eine Weile mit der Inhaberin über Ronjas Verhalten und wie sie sich eingelebt hatte. Diese Frau hatte Hunderte von Hunden erlebt. Ihr Urteil hatte für uns Gewicht. Zum Abschied lächelte sie uns an und meinte: «Endlich mal ein ausgeglichener Hund. Sie glauben ja gar nicht, was wir hier manchmal für neurotische Tiere haben.»

Tief gerührt fuhren wir nach Hause. War dies doch ein Kommentar über eine gelungene Mensch-Tier-Beziehung aus berufenem Munde. Als Besitzer eines Haustieres hat man ja nie einen so ausführlichen Vergleich mit anderen Tieren, wie diese Frau ihn hatte. Außerdem neigen wir dazu, das Verhalten unserer kleinen Lieblinge äußerst befangen zu beurteilen.

Wenn die Inhaberin der Pension Ronjas Verhalten als ausgeglichen bewertete, dann bedeutete das, daß es ihr dort gutging und daß sie eine harmonische Hundepersönlichkeit ist. Was das heißt? Nun, diese Frau hatte gesehen, daß Ronja weder übertrieben ängstlich noch aggressiv auf die anderen Hunde und Menschen reagierte. Rangeleien wurden ohne ernsthaftes Beißen ausgetragen, wenn es überhaupt dazu kam. Im Zweifel ergab sie sich, ohne jedoch dauernd mit eingezogenem Schwanz herumzulaufen. Sie fraß gut und tobte mit allen Hunden, die «Lust» dazu hatten.

Klar, daß das etwas mit uns zu tun haben mußte. Ob die Beziehung als gut oder schlecht zu bezeichnen ist, erkennt man nicht unbedingt daran, ob der Besitzer mit seinem Tier zufrieden ist. Es gibt durchaus Tierhalter, die mit ihren Katzen oder Hunden glücklich sind, obwohl diese ein jämmerliches Dasein fristen. Das kann dann vorkommen, wenn Menschen ihre Vierbeiner allzusehr an ihre Bedürfnisse anpassen, sei es durch übertriebene Züchtungen oder ebensolche Dressuren. Tiere verkommen dann zu Objekten menschlicher Eitelkeit oder Raffgier. Eine Gefahr kann auch darin bestehen, wenn man sie konsequent wie Kinder oder menschliche Partner betrachtet und auch so behandelt.

Man sollte in Tieren weder willenlose Untertanen noch kleine Menschlein sehen, deren einziger Lebenssinn darin besteht, ihre Besitzer zu ergötzen.

Wann ist die Beziehung gut? Meine 'schlichte Antwort lautet: Wenn beide Seiten sich miteinander wohl fühlen. Etwas aufwendiger ist es, die Bedingungen zu beschreiben, unter denen sich unsere vierbeinigen Hausfreunde mit uns so wohl fühlen können wie wir mit ihnen. Haustiere diskutieren nicht mit uns über ihre Bedürfnisse und über das, was sie sich von uns erwarten. Sie kommen zu uns und müssen mit dem zurechtkommen, was sie vorfinden. Ob das für sie gut ist oder nicht, hängt von der Persönlichkeit ihrer Besitzer ab, welche Einstellungen diese über sich und die Welt haben und wie genau sie die Reaktionen ihres Haustieres zu beobachten in der Lage sind.

Einstellungen und Grundhaltungen, die eine gute Beziehung ermöglichen

Was da zu uns ins Haus kommt, ist ein Tier, ein domestiziertes zwar, dennoch bleibt es ein Tier. Ein Verstehen seiner Lebensäußerungen, wie wir es von unseren Mitmenschen kennen, ist nicht immer möglich. Da muß man schon im Auge behalten, daß Katze und Hund anders sind als wir. Wir können den Tieren, die unser Leben teilen, nur gerecht werden, wenn wir ihnen erlauben, Tier zu bleiben.

Das bedeutet für uns zunächst einmal, hinzusehen, möglichst voraussetzungslos zu beobachten, was das Tier tut und wie es auf unsere Kontaktangebote oder Erziehungsbemühungen reagiert. Es geht nicht darum, sie einfach gewähren zu lassen. Auch der leidensfähigste Tiernarr verlangt von seinem Hausgenossen die Einhaltung gewisser Regeln. Es geht darum, wie wir sie behandeln, da wir nun einmal Verantwortung für sie übernommen haben.

Eine gehörige Portion Respekt vor der Natur mit ihren unterschiedlichen Lebensformen erleichtert einen beiderseits auskömmlichen Umgang.

Wenn wir etwas von freilebenden Katzen und Hunden wissen, können wir uns ein Bild davon machen, was ihre Welt ist. Was sie tun (wenn man sie läßt), das ist ihr Leben. Für ein artgerecht «erfülltes» Leben brauchen sie möglichst viel davon, auch wenn sie mit uns in Häusern oder Wohnungen leben. Wenn wir sie genau beobachten, «verraten» sie uns auch dort eine Menge von dem, was sie brauchen, um sich wohl zu fühlen. Eine Katze, die sich ständig in Boutiquen und auf Ausstellungen aufhalten muß, lebt sicher nicht artgerecht. Kein Hund würde freiwillig in den Zwinger gehen, wenn sein Frauchen/Herrchen ins Haus geht. Mit Sicherheit würde er uns liebend gern ins Haus folgen.

Neben dem Respekt vor der Kreatur und dem voraussetzungslosen Beobachten gibt es zwei Grundüberzeugungen, die ich im Umgang mit unseren Hausgenossen für wichtig halte:

1. Was auch immer ein Tier tut – es hat gute «Gründe» dafür.

Katzen und Hunde können durchaus Dinge tun, die wir nicht gutheißen. Oft geschieht das gegen unseren Willen, manchmal zu unserem Schaden. Die «Absichten», die das Tier mit solchen Verhaltensweisen «verfolgt», sind immer positiv. Eine Katze, die Tapeten von den Wänden reißt, will ihre Krallen schärfen. Das Ziel ist positiv, der Ort nicht – jedenfalls nicht aus menschlicher Sicht. Man tut gut daran, für geeignete Kratzobjekte zu sorgen. Hat sich die Katze bereits daran gewöhnt, für ihre «Maniküre» die Tapeten zu benutzen, hat man etwas mehr Aufwand, dieses unerwünschte Verhalten zu korrigieren. Dazu muß man sie nämlich möglichst beim unerlaubten Kratzen erwischen, bevor man ihr, mit deutlich erhobener Stimme, klarmachen kann, daß man das, was sie da gerade tut, nicht will.

Ein Welpe, der alles zerbeißt, was er finden kann, verhält sich wie ein Baby, das mit Händen und Mund versucht, die Welt zu begreifen, und dabei notwendige Lernerfahrungen macht. Selbst ein Hund, der einen anderen ernsthaft angreift, handelt nie aus «niederen Instinkten». Er tut dies, um sich seinerseits vor einem solchen Angriff zu schützen. Normalerweise gehen einem solchen Angriff die bekannten Droh- und Imponierrituale voraus. Dabei tauschen die Tiere Informationen aus, die über den weiteren Verlauf der Begegnung entscheiden. Kein Hund greift blindlings an, wenn der andere ihm nicht signalisiert hat, daß er dazu ebenfalls bereit ist. Einige wenige verhaltensgestörte Tiere einmal ausgenommen. Insgesamt kann man sagen, alle tierischen Verhaltensweisen sind das Ergebnis von vielen Jahrmillionen Schöpfungsgeschichte. Sie haben sich entwickelt, um Leben zu sichern. Bessere Gründe kann es nicht geben.

2. Katzen und Hunde besitzen grundsätzlich alle Fähigkeiten, um mit uns zusammenleben zu können.

Niemand muß seinem Hausgenossen etwas völlig Neues beibringen. Vielmehr nutzen wir die vorhandenen Verhaltensweisen. Erwünschtes Verhalten verstärken wir, indem wir es belohnen, unerwünschtes löschen wir durch Bestrafung. Bestimmten Aktionen können wir durch Belohnung oder Bestrafung eine andere Richtung oder Intensität geben, einzelne Verhaltenselemente zu neuen Sequenzen kombinieren. Was ein Tier nicht in der Lage ist zu tun, bringt ihm auch der genialste Tierkenner nicht bei. Jeder Dompteur weiß das, gute Hundeausbilder halten sich daran.

Zu den ersten Dingen, mit denen wir uns befassen, wenn wir uns ein Tier ins Haus holen, zählt die Reinlichkeitserziehung. Betrachten wir diesen Teil der Erziehung einmal beispielhaft im Hinblick auf meine zweite Grundüberzeugung. Was passiert da? Hund oder Katze kommen in eine fremde Umgebung, und es dauert nicht lange, dann verlangt der junge Körper nach Entleerung. Das Tier verrichtet sein Geschäft in einer Ecke oder an einem Ort, der von seinem Ruheplatz entfernt ist, so es bereits einen solchen besitzt.

Auch in der Natur ist es so, daß Katzen und Hunde nicht einfach ihr Nest beschmutzen. Vielmehr haben sie bestimmte Plätze, an denen sie das erledigen. Sobald sie krabbeln können, streben sie vom Nest weg, wenn sie mal «müssen». Bei erwachsenen Tieren befinden sich diese «Örtchen» entweder an der Reviergrenze, wo sie der Markierung des Reviers dienen, oder möglichst weit vom Nest oder Schlafplatz entfernt. Diese Fähigkeit bringen sie also mit. Wir müssen ihnen nur noch beibringen, wo die «Reviergrenzen» bei uns sind bzw. was als weit genug entfernt zu gelten hat.

Wie versuchen nun Tierhalter, ihren Jungtieren dieses Wissen zu vermitteln? Zunächst drücken sie ihr Unbehagen im Angesicht eines unerwünscht positionierten Haufens oder Sees – mehr oder weniger – unmißverständlich aus. Das Problem hierbei ist, daß die Tat meist länger als einige Sekunden zurückliegt. Das Tier hat dann keine Möglichkeit, sein «Geschäft» mit dem Schimpfen seines Herrchens/Frauchens zu verbinden. Möglich ist, daß es den Ort, an dem Frauchen/Herrchen geschimpft hat, mit deren/dessen Unmut verbindet und in Zukunft lieber meidet.

Wie beim Kratzen der Katze ist es in jedem Falle erfolgreicher, wenn man seinen Hausgenossen auf frischer Tat ertappt. Wir alle wissen, daß das nicht immer möglich ist, daher Vorsicht mit drakonischen Maßnahmen. Auch altbewährte Hausmittel sind manchmal blanker Unsinn und nicht hilfreich.

Das zweite, was die meisten von uns tun werden, ist, daß wir dem Tier einen alternativen Ort zeigen, an dem es seine Geschäfte verrichten soll. Bei der Katze ist es das Katzenklo, dem Hund zeigen wir vielleicht eine bestimmte Stelle im Garten. Nimmt das Tier diesen Ort an, loben wir es. Es gibt noch andere Methoden, die sich «Tierkenner» ausgedacht haben, teilweise recht rabiate.

Tatsache ist, daß es nie lange dauert, bis unsere Hausgenossen stubenrein sind. Das kriegen die meisten von uns hin, egal wie groß ihr Erziehungstalent auch sein mag. Das klappt deshalb so gut, weil unsere Hausgenossen eine hohe Lernbereitschaft dafür mitbringen.

Was wir ihnen ebenfalls nicht beibringen müssen, ist, wie sie eine enge Bindung zu uns aufbauen können. Beide Arten verfügen über ein ausgeprägtes Anschlußbedürfnis, das seine Wurzeln im angeborenen Verhalten ihren Müttern gegenüber hat. Sie beobachten sehr genau ihre jeweiligen Bezugspersonen, die in der Regel ja auch ihre Ziehmütter sind, und sie sind in der Lage, das Verhalten unterschiedlichster menschlicher Charaktere und Temperamente zu «interpretieren». In anderen Worten: Ihr Hund, Ihre Katze erkennt Ihre Stimmungen, ja sogar Ihre Absichten, soweit sie sich auf das Tier beziehen, und paßt sich daran an. Ob Sie gute oder schlechte Laune haben, das Verhalten Ihres Hausgenossen wird das widerspiegeln, zum Beispiel in der räumlichen Distanz zu Ihnen.

Wenn man diese beiden Grundüberzeugungen teilen kann, kommt man, wie von selbst, zu einer Haltung, aus der heraus man sein Tier respektvoll und neugierig beobachtet. Dann nimmt man das Wechselspiel zwischen eigenem Handeln und tierischen Reaktionen wahr, muß nicht die Geduld verlieren und unangemessen hart durchgreifen, weil das «dumme Ding» einen nicht verstehen «will». Mißverständnisse können vermieden werden, tierische Unarten kommen seltener vor. Neulich, vor der Tür eines Schlachterladens, spielte sich folgende Szene ab:

Ein Labradorwelpe von etwa fünf Monaten folgte seiner Nase und strebte der Eingangstür des nahen Schlachterladens entgegen. Herrchen zog an der Leine – der Hund zog fester – Herrchen auch. Mit einer äußerst warmen Stimme sprach der Besitzer folgende Worte zu seinem Hund: «Das geht nicht! Das geht doch nicht!» Gleichzei-

tig klopfte er ihm sanft auf die Schulter, wie man es tut, wenn man seinen Hund lobt.

Was hat der Welpe nun gelernt? Den Inhalt der Worte konnte er auf keinen Fall verstehen. Die Stimme und das Schulterklopfen wird er wohl als freundlich ermunternd auffassen müssen, das Wegziehen wahrscheinlich nicht. Was der Hund da erlebt hat, nennt man eine Doppelbotschaft. Kein Mensch weiß, wie Tiere darauf reagieren, wenn sie das öfter erleben. Menschen werden auf Dauer verrückt. Ich bin sicher, in der Nähe von Fleischereien wird der Mann sein Verhalten irgendwann klarer gestalten.

Ein Blick in die Zukunft

Niemand kann hellsehen. Aber wenn es darum geht, unser Leben zu planen oder bestimmte Ziele zu verfolgen, versuchen wir alle gelegentlich, in die Zukunft zu blicken. Tue ich dies im Hinblick auf die Mensch-Tier-Beziehung, so bin ich ziemlich sicher, daß Haustiere eine zunehmende Bedeutung haben werden. Die Gründe: Ich erwarte nicht, daß sich die hochentwickelten Länder der Welt in eine Richtung entwickeln, die zu mehr Natur und Natürlichkeit führen wird. Mit einer Rückkehr zu einem beschaulichen Leben, in dem die Menschen im Einklang mit der Natur und ihren organismischen Bedürfnissen leben werden, rechnet wohl niemand. Vielmehr wird sich die Gesellschaft so weiterentwickeln, wie wir es in den letzten Jahrzehnten erlebt haben.

Wie sagte doch ein allseits bekannter Zeitgenosse, der die Geschicke unseres Landes seit vielen Jahren maßgeblich leitet: «... die Karawane zieht weiter.» Nun haben wir in Deutschland keine Wüste, und Kamele laufen hier auch nicht frei herum. Ein gewisser Fatalismus scheint mir in diesem Ausspruch enthalten zu sein, der bei Wüstenvölkern wohl eher das Gegenteil von dem bedeutet wie in hochentwickelten, postindustriellen Ländern, nämlich Demut gegenüber der Natur und ihren Geschöpfen. Was für Wüstensöhne heißt, irgendwann die ersehnte Oase zu erreichen, bringt für uns zunehmende Mobilität, Spezialisierung und Entfremdung.

Es wird weniger Verbindlichkeit und Bindung geben, sowohl in den zwischenmenschlichen Beziehungen als auch im beruflichen Bereich. Allenthalben wird beklagt, daß wir in einer «Ellenbogengesellschaft» leben. Die Großstädte sind bereits jetzt «versingelt». Bedürfnisse nach Zugehörigkeit – zu einem größeren Ganzen –, Verläßlichkeit und Geborgenheit werden, mehr noch als heutzutage, zu einer Mangelware. Da liegt es nahe, sich etwas von all diesen schmerzlich vermißten Werten mit einem Hund oder einer Katze ins Haus zu holen. Schon länger existiert der Ausspruch: «Seit ich die Menschen kenne, liebe ich die Tiere.»

Haustiere wissen von den Sorgen und Nöten der modernen Menschen nichts. Ihnen fehlt die Fähigkeit, in die Zukunft zu blicken. Sie können nicht über sich selbst reflektieren. Erfrischend unbedarft suchen sie ihren Vorteil – in jedem Moment. Selbst wenn Herrchen nach einem katastrophalen Arbeitstag nach Hause kommt, sich wie ein geprügelter Underdog fühlen mag, sein Hund empfängt ihn wie einen Helden.

Völlig unbeeindruckt von der depressiven Stimmung ihrer vielleicht einsamen Besitzerin, schmiegt sich die Katze an ihr Frauchen. Und das Schönste daran ist, Tiere heucheln nicht. Sie tun es auch nicht aus Mitleid. Es ist immer echt, wenn ein Hund mit dem Schwanz wedelt oder eine Katze auf diese unwiderstehliche Art «Köpfchen gibt». *Siegmund Freud* sagte einmal: **«Tiere sind immer richtig.»** Freunde, Partner und Jobs können wir verlieren, unsere Hausgenossen «halten» zu uns. Sie sind oftmals die einzigen Lebewesen, auf deren Bindung und Zuneigung wir uns verlassen können. Menschen brauchen das.

Es gibt noch einen weiteren Aspekt, der dazu führen wird, daß immer mehr Menschen sich ein Haustier zulegen werden. Wir werden zunehmend in urbanen «Landschaften» leben. Arbeit findet in Großraumbüros statt, umgeben von Monitoren oder Schalttafeln, weit entfernt von gegenständlichen Produkten. Mit anderen Worten, in einer künstlichen Welt. Da muß es eine Wohltat sein, ein richtiges Raubtier, ein echtes Stück Natur, in seinem Wohnzimmer vorzufinden. Natürlich hat es seinen Reiz, mit einem Nachfahren des Wolfes oder mit einer perfekten kleinen Raubkatze so vertraulich umzugehen, sozusagen auf du und du.

So finden Menschen nicht nur Ersatz für zahlreiche emotionale Bedürfnisse, sie haben darüber hinaus die Chance, ihre eigenen Wurzeln und ihre kreatürlichen Fähigkeiten wiederzuentdecken. Solange Katzen und Hunde unser Leben teilen, werden wir uns mit unseren Wünschen und Sehnsüchten in ihnen spiegeln. Wer genau genug hinsieht, kann eine Menge darüber erfahren, was *er* braucht und was für *ihn* gut ist.

Und dann können wir damit beginnen, uns für die Erfüllung dieser Wünsche und Bedürfnisse in *unserem* Leben einzusetzen, und die haben naturgemäß etwas mit Menschen zu tun. Warum sollte ein solcher Umgang mit Tieren nicht zu einer Humanisierung des menschlichen Miteinanders beitragen, und warum sollten Menschen dann nicht sagen: «Seit ich die Tiere (das «Tierische» in mir) kenne, liebe ich die Menschen.»?

Mit einem Zitat von *Albert Einstein* möchte ich schließen. Er sagte:

> *«Ein menschliches Wesen ist ein Teil des Ganzen, das von uns ‹Universum› genannt wird, ein Teil, begrenzt durch Zeit und Raum. Es erfährt seine Gedanken und Gefühle als getrennt von dem Rest – eine Art optische Täuschung seines Bewußtseins. Diese Täuschung ist eine Art Gefängnis für uns, das uns auf unsere persönlichen Wünsche und auf die Zuneigung zu den paar Personen, die uns am nächsten sind, beschränkt. Unsere Aufgabe muß sein, uns aus diesem Gefängnis zu befreien, indem*

wir unseren Kreis des Mitgefühls erweitern, um alle lebenden Wesen und die gesamte Natur in ihrer Schönheit zu umarmen.»

Literatur

Andreas, Connirae und Steve Andreas: *Mit Herz und Verstand.* Junfermann, Paderborn 1992.

Beckmann, Gudrun: *So kommt man auf den richtigen Hund.* Kosmos, Stuttgart 1993.

Dilts, Robert B.: *Einstein – geniale Denkstrukturen & Neurolinguistisches Programmieren.* Junfermann, Paderborn 1992.

Franck, Dierk: *Verhaltensbiologie – Einführung in die Ethologie.* Thieme, Stuttgart 1985.

Herre, Wolf und Manfred Röhrs: *Haustiere – zoologisch gesehen.* Gustav Fischer 1990.

Kusztrich, Imre: *Haustiere helfen heilen: Tierliebe als Medizin.* Ariston, Genf 1988.

Leyhausen, Paul: *Katzen – eine Verhaltenskunde.* Paul Parey, Berlin und Hamburg 1979.

Lorenz, Konrad: *Über tierisches und menschliches Verhalten.* Band 2, Piper, München 1970.

Morris, Desmond: *Catwatching.* Heyne, München 1992.

Müller, Ulrike: *Das neue Katzenbuch.* Gräfe und Unzer, München 1984.

Neville, Peter: *Versteh' deine Katze.* Müller Rüschlikon 1990.

Watzlawick, Paul: *Anleitung zum Unglücklichsein.* Piper, München 1983.

Zimen, Erik: *Der Hund.* Bertelsmann, München 1988.

Zimen, Erik: *Der Wolf – Mythos und Verhalten.* Meyster, München 1978.

Die 100 des Jahrhunderts

Menschen, die die Welt bewegten

Wer waren die wichtigsten Persönlichkeiten, die das 20. Jahrhundert bestimmt haben? Eine neue Reihe bei *rororo handbuch* stellt die «100 des Jahrhunderts» mit Bild und biographischen Porträts in kompakter, präziser Form vor. Die Bücher bieten mehr Information als gewöhnliche Lexikon-Artikel und sind hilfreich für alle, die privat oder beruflich schnelle Informationen benötigen.

Die 100 des Jahrhunderts: Politiker
(rororo handbuch 16450)
Sie haben den Lauf der Welt bestimmt, ihre Namen sind mit Krieg und Frieden, mit politischen Systemen und sozialen Konflikten, mit internationalen Bündnissen und wirtschaftlichem Aufstieg verknüpft.

Die 100 des Jahrhunderts: Naturwissenschaftler
(rororo handbuch 16451)

Die 100 des Jahrhunderts: Fußballer
(rororo handbuch 16458)
Ihre Tore und Paraden begeisterten Millionen, ihre Niederlagen und Schicksale bewegten ganze Völker.

Die 100 des Jahrhunderts: Sportler
(rororo handbuch 16453)
Sie ziehen Millionen Menschen in aller Welt in ihren Bann – mit Höchstleistungen und Rekorden auf Bahnen und Pisten, in Hallen und Stadien.

Die 100 des Jahrhunderts: Filmregisseure
(rororo handbuch 16452)
Ihre Filme entführen in Bildwelten, deren Faszination sich niemand entziehen kann.

Die 100 des Jahrhunderts: Komponisten
(rororo handbuch 16457)

Die 100 des Jahrhunderts: Schriftsteller
(rororo handbuch 16455)

Die 100 des Jahrhunderts: Unternehmer und Ökonomen
(rororo handbuch 16454)

Die 100 des Jahrhunderts: Filmstars
(rororo handbuch 16459)
Hier treten sie auf, die eleganten Divas und die unwiderstehlichen Herzensbrecher, die großen Schauspieler und die einsamen Heroinnen.

Die 100 des Jahrhunderts: Pop-Stars
(rororo handbuch 16460)

klipp & klar Lerntrainer

Erfolgreich in der Schule – mit der neuen Taschenbuchreihe von rororo! Die *klipp & klar Lerntrainer* helfen dort, wo Schüler nicht mehr weiterkommen. Hier lernen sie, selbständig ihre schulischen Defizite aufzuarbeiten: Schritt für Schritt, nachvollziehbar, logisch. Denn oft sind es die kleinen Kniffe, die das Lernen erleichtern.

Deutsch 3. Klasse
*Rechtschreibung
Mit Grundwortschatz-Trainer*
(rororo sachbuch 60297)

Deutsch 5. und 6. Klasse
Grammatik: Satzglieder
(rororo sachbuch 60181)

Mathematik 3. und 4. Klasse
Grundrechenarten
(rororo sachbuch 60294)

Mathematik 5. und 6. Klasse
Geometrie: Symmetrie, Kreis, Winkel
(rororo sachbuch 60295)

Mathematik 7. Klasse
Bruchrechnung, Proportionen, Dreisatz
(rororo sachbuch 60182)

Englisch 5. und 6. Klasse
*Grammatik: Zeiten
Mit Vokabeltrainer*
(rororo sachbuch 60290)

rororo sachbuch

Englisch 7. und 8. Klasse
*Grammatik: Zeiten, indirekte Rede, if-Sätze Typ III, Adjektiv, Adverb
Mit Vokabeltrainer*
(rororo sachbuch 60389)

Latein 1. Lernjahr
*Grammatik: Satzglieder, Deklination, Konjugation
Mit Vokabeltrainer*
(rororo sachbuch 60183)

Erfolgreich in der Schule
Eltern helfen ihren Kindern, Lehrer fördern ihre Schüler
(rororo sachbuch 60189)

Die klipp & klar Lerntrainer gibt es für viele Unterrichtsfächer und Klassenstufen. Genaue Informationen liefert Ihnen die Rowohlt Revue, die Sie in jeder Buchhandlung kostenlos erhalten.

... und alles in neuer Rechtschreibung.

3609/3

Psycho Power - NLP

Streß mit dem Chef, Probleme in der Familie oder Angst vor der Zukunft – Probleme, die allein schwer zu meistern sind. Jetzt erscheint bei *rororo* das Psycho-Power-Programm zur Stärkung des Selbstbewußtseins, bekannt als **Neurolinguistisches Programmieren (NLP)**, das in den siebziger Jahren von den Amerikanern Richard Bandler und John Grinder entwickelt wurde. Knapp, praxisnah und verständlich geschrieben, bieten die Bücher konkrete Hilfe für Alltag und Beruf.

Gabriele und Klaus Birker
Was ist NLP? *Grundlagen und Begriffe des Neuro-Linguistischen Programmierens*
(rororo sachbuch 60199)

Cora Besser-Siegmund
Das Rauchen aufgeben
(rororo sachbuch 19956)
Frei von Eifersucht
(rororo sachbuch 19985)
Mit Hilfe der vorgestellten Übungen und Tricks kann man lernen, wie man sich nicht länger von der alles zerfressenden Eifersucht beherrschen läßt, sondern statt dessen seine Energien auf neue, positive Ziele konzentriert.

Barbara Schott
Gut drauf sein, wenn's schiefgeht
(rororo sachbuch 19604)
Cool bleiben
(rororo sachbuch 19603)

Barbara Schott /
Klaus Birker
Den Job will ich haben *Die erfolgreiche Bewerbung*
(rororo sachbuch 19986)
Energie tanken
(rororo sachbuch 60218)
Prüfungsstreß ade
(rororo sachbuch 19669)
Kompetent verhandeln
(rororo sachbuch 19773)
Geschicktes Verhandeln will gelernt sein – ob am Telefon oder am Verhandlungstisch. Dieses Buch stellt einfach anwendbare Strategien vor.
Schüchternheit überwinden
(rororo 19774)
Mut zur Entscheidung
(rororo sachbuch 19957)
Selbstbewußt auftreten
(rororo sachbuch 19905)
Souverän mit Kunden umgehen
(rororo sachbuch 19796)

Ein Gesamtverzeichnis der Reihe und weitere Bücher zum Thema finden Sie in der *Rowohlt Revue*. Vierteljährlich neu. Kostenlos in Ihrer Buchhandlung.

Rowohlt im Internet:
http://www.rowohlt.de

rororo sachbuch